Los dedos de la Aurora

Luis Alberto de Cuenca

Los dedos de la Aurora

Poemas del mundo clásico

Selección de Luis Miguel Suárez
Epílogo de Victoria León

FUNDACIÓN JOSÉ MANUEL LARA
Vandalia

Vandalia, 117

Director de colección: Jacobo Cortines
Consejo asesor: Ignacio F. Garmendia, Juan Lamillar, Aurora Luque,
Álvaro Salvador y Andrés Trapiello

Primera edición: noviembre, 2024

Avda. Reino Unido, 11, 1ª. 41012 Sevilla (España)

Edición al cuidado de Ignacio F. Garmendia
Diseño: Estudio Manuel Ortiz
Maquetación: Manuel Rosal
Ilustración de cubierta: John Flaxman («Las sirenas buscan con su canto atraer a Ulises», *Odisea*, XII, detalle)

Dep. Legal: SE 2176-2024
ISBN: 978-84-19132-47-5
Printed in Spain-Impreso en España

PRÓLOGO: HAMBRE DE CLÁSICOS

LUIS ALBERTO DE CUENCA
Real Academia de la Historia

Cuando terminé el bachillerato, la presión familiar me condujo a matricularme en la facultad de Derecho de la madrileña Universidad Complutense, donde estudié un primer curso muy grato para mí, porque incluía cuatro asignaturas que tenían mucho de humanísticas y aún no estaban teñidas de un color jurídico manifiesto. Mi recuerdo más nítido de aquel curso 1967-1968 fue el latín omnipresente en la asignatura de Derecho Romano, impartida por Francisco Hernández-Tejero, un señor encantador que debía de tener por aquel entonces poco más de cincuenta años, pero que a mí, que tenía dieciséis al iniciarse mi período universitario, me parecía mayorcísimo. El caso es que saqué matricula de honor en las cuatro asignaturas del curso –la ya citada más Derecho Político, Derecho Natural e Historia del Derecho– y esa victoria académica me hizo fuerte para comunicar a mis progenitores que mi experiencia como jurista en ciernes había concluido y que me iba a matricular en septiembre en la carrera de mis entretelas, que no era otra que Filosofía y Letras.

Y así lo hice, aunque transigí con la idea de ir completando, poco a poco y a la vez, Derecho. Idea que se redujo a las dos asignaturas de segundo curso que menos me horrorizaban: el Derecho Canónico (por aquello de que todo lo relacionado con la Iglesia católica me ha caído y me cae simpático, más que nada por fastidiar a los partidarios de la quema de conventos) y el Derecho Constitucional comparado. Creo que llegué a presentarme en junio a esas dos materias, pero no obtuve ninguna presea de importancia en mis calificaciones, pues estaba centrado en mi flamante primer curso de Comunes de Filosofía y Letras, donde se impartían seis asignaturas: Griego, Latín, Historia Universal, Historia del Arte, Lengua Española y Fundamentos de Filosofía, con las que me inicié con entusiasmo en mis queridísimas Humanidades. La primera vez que pisé un aula del edificio que se yergue desde hace más o menos un siglo en la Complutense, frente a la facultad de Derecho, supuso un antes y un después en mi relación con el mundo. Por fin estaba en contacto con materias plenamente humanísticas. Por fin tenía unos profesores que me enseñaban cosas entrañablemente inútiles que no servían para nada que no fuese cultivar la mente y amueblar la cabeza. Profesores como el helenista Manuel Fernández-Galiano y su ayudante Javier López Facal, o el latinista Millán Bravo Lozano, o el príncipe de medievalistas Julio Valdeón, o el filósofo peripatético Antonio Millán Puelles (peripatético porque daba las clases paseando, no porque estuviera adscrito a la secta aristotélica), o el indescriptible y germanófilo Julio Martínez Santa-Olalla, o el afrancesado paleoestructuralista Vidal Lamíquiz... Nombres que me emociona citar, pues me introdujeron de lleno en mi verdadera vocación, que era la de humanista en el sentido más amplio del término, incluyendo en la alforja de mis intereses la Filología y la Historia como destino profesional favorito.

No continué mis estudios en la Universidad Complutense. Me dejé raptar gozosamente por Fernández-Galiano, que se había pasado con armas y bagajes a la recién creada Universidad Autónoma, y allí estudié segundo y tercero de preespecialidad filológica (estuve a punto de hacerlo en preespecialidad histórica, pero ganó la batalla mi extrema afición a la literatura y mi ferviente deseo de continuar profundizando en las lenguas clásicas). En la Autónoma tuve cuatro maestros indiscutibles: Juan Manuel Rozas en Historia de la Literatura Española, Galiano en Griego, y Miquel Dolç y Antonio Fontán en Latín, aunque hubo un quinto mucho más joven, Bartolomé Segura Ramos, hoy catedrático jubilado de Filología Latina de la Universidad de Sevilla, con quien mantengo desde entonces una estrecha relación amistosa. Con Rozas fatigué de manera exhaustiva las librerías de viejo madrileñas, convirtiéndome ya entonces en el apasionado bibliófilo que aún sigo siendo. Con Dolç aprendí que el diletantismo era una actitud sensible y elegante que convenía adoptar para combatir la creciente y enojosa hiperespecialización hortera. Galiano me dirigió una Memoria de Licenciatura sobre los epigramas de Calímaco de Cirene y una Tesis Doctoral sobre Euforión de Calcis, autores helenísticos ambos que me indicaron el camino a seguir en mi itinerario creativo, que empezaba a cobrar protagonismo entre mis intereses. Con Fontán trabé una profunda amistad que me impulsó a coquetear con la política, siendo él mi guía y mi mentor en esa parcela hoy olvidada de mi biografía.

Les he contado estas mínimas batallitas personales para explicar desde el principio mi afección hacia las lenguas clásicas, y la espesa vegetación por la que fui abriéndome paso a machetazo limpio hasta llegar a licenciarme (1973) y doctorarme (1976) en Filología Clásica por la Universidad Autónoma de Madrid. Tenía veinticinco años cuando me doctoré. Mi maestro Galiano pensó que mi perfil se adaptaba más al CSIC que a la enseñanza universitaria, lo que me ahorró desgastes pedagógicos, y fui becario predoctoral y postdoctoral del Consejo desde 1974, donde saqué la plaza de Colaborador Científico (equivalente a Titular de Universidad) en 1978, la de Investigador Científico (equivalente al obsoleto Profesor Agregado de Universidad) en 1985, y la de Profesor de Investigación (equivalente a Catedrático de Universidad) en 1990. Me jubilé el 29 de diciembre de 2020, el mismo día en que cumplí mis primeros setenta años.

Ya he insinuado la importancia que tuvo para mi producción poética la literatura helenística y, más concretamente, el epigrama, una forma muy especial de abordar el poema que comparto plenamente con los Calímaco, Meleagro, Argentario y demás compañeros de viaje estético presentes en un códice conservado en Heidelberg y conocido como *Anthologia Graeca* o *Antología Palatina*. Uno de mis primeros exegetas, el leonés Luis Miguel Suárez, alertó ya de mi dependencia estilística en relación con el epigrama grecorromano, situando al mismo nivel de incidencia en mi poesía que los autores helenísticos citados a los grandes elegíacos y epigramistas latinos, los Catulo, Propercio, Tibulo o Marcial, que tanto tienen que ver con mi *maniera*. Desde el punto de vista temático no puedo olvidar que Homero y Virgilio (autores que estudié monográficamente en mi curso Preuniversitario) han sido pasto habitual de mis versos, y que los líricos griegos arcaicos están muy presentes en mis últimos libros, pero mi poesía se asienta sobre modelos helenísticos, y la *Antología Palatina* continúa en mi criterio y en el de mis lectores más devotos como la madre de todas las influencias en mi universo literario. Lo cual no quiere decir, en modo alguno, que el resto de las riquísimas literaturas griega y latina no formen parte también de mi sustrato cultural de forma indubitable. De ahí que, con motivo de mi nombramiento como académico correspondiente de la Real Academia Sevillana de Buenas Letras, mi buen amigo Jacobo Cortines se haya sacado de la manga la formidable idea de reunir en una antología de la prestigiosa colección Vandalia, auspiciada por la Fundación José Manuel Lara, un buen puñado de mis poemas relacionados con el mundo clásico. Antología en la que el mencionado Luis Miguel Suárez se ha encargado de la selección, la estupenda poeta y crítica hispalense Victoria León del epílogo, y yo de estas breves líneas preliminares, siempre bajo la atenta supervisión editorial de Ignacio F. Garmendia. Espero que les guste. Son poemas escritos a lo largo del último medio siglo. Todos tienen que ver con el hambre voraz de clásicos que comenzó a acuciarme desde que leí las primeras versiones infantiles de la *Ilíada* y la *Odisea* en la benemérita colección Araluce y que ahora, en este año del Señor de 2024, durante la etapa de ciceroniana senectud en la que me encuentro, permanece igual de insaciable.

Madrid, 22 de mayo de 2024

NOTA PRELIMINAR

LUIS MIGUEL SUÁREZ

Se recogen en esta antología todos los poemas de tema grecolatino (mitología, arte, literatura, filosofía, historia…) que Luis Alberto de Cuenca ha incluido en su obra original a lo largo de los más de cincuenta años que abarca su obra poética, algunos de los cuales no forman parte aún de su obra canónica, es decir, de su poesía reunida (*Los mundos y los días*, sexta edición, 2021). Asimismo, se ofrecen algunas de sus «variaciones» clásicas, esto es, de los poemas que recrean –unos de forma muy cercana al original, otros de manera tan libre que resultaría difícil si no casi imposible reconocer el texto imitado, de no ser por la indicación explícita del poeta– textos griegos –especialmente de los líricos arcaicos– y latinos –Catulo, Virgilio…–. Estas «variaciones», íntimamente unidas a la estética «alejandrina» del poeta, cobran un especial protagonismo en sus últimos libros, en alguno de los cuales –*Después del paraíso*– ocupan incluso secciones completas, y podrían constituir por sí mismas una antología temática. De ellas se incluye aquí solo una selección.

El texto de todos los poemas ha sido cuidadosamente revisado por el propio poeta para esta antología.

Astorga, julio de 2024

LOS DEDOS DE LA AURORA

POEMAS DEL MUNDO CLÁSICO

AMOR Y MUERTE EN CALÍMACO DE CIRENE

Berenice

Medito en silencio, desarticulado rostro en paisajes de pensamiento.

¿Era tu propio fuego, Descanso-de-mi-vida, o era tan solo el vástago de lo que te rodeaba, presumiéndote única?

Con la muerte de Gudea, la decadencia se hizo infinitamente más real. Sentíamos la inestabilidad humana en esa máscara vacía, resto simbólico y despreciable de lo que fue nuestra más devanada razón de existir.

Alguien relacionó el Yggdrasil con tu cuerpo. Columna era, en efecto, solemne y rigurosa, mas no árbol.

Moríamos suavemente en las montañas desérticas del crepúsculo. Delicados soteriólogos lidios preservaban las cuerdas musicales de tu pecho de morir para siempre. Impunemente, una lágrima rubia se deslizaba, tibia, desde azules moradas oceánicas.

Tú conoces el secreto de las dos verdades. Tú penetras los regios aposentos como halcón invisible. Renaces de ti misma y posees un antiguo corazón luminoso. Ante ti las más arduas cerraduras se abren, como heridas. Regresas victoriosa todas las auroras, y un poderoso halo solar te recorre las venas. Tú conoces la alegría de las necrópolis.

Ataviado con señoriales vestiduras, Gudea reposa en los famélicos templos de Lagash. Un rumor de multitud enfebrecida, sordo flamear de espadas en los recintos sacros.

Cintia, Dioniso duerme frondosamente repartido. Reina mía, no temas. Nada puede turbar la inmensidad dorada de tu crimen. Una orquídea de nácar es tu rostro. Tus manos atesoran el atavismo mórbido de los ocasos.

Sumir en el espacio sus tangibles y mesurables cabellos. Fauno o cadáver, reservaba para sí la potestad suprema, la última forma divina de sus antepasados.

Para vencer y no ser derrotado, qué países de bruma, qué alas en la sombra. Brazo armado de Ishtar, rey poderoso, corcel de Odín, tierno fantasma en el paraíso.

Como un brillante resurgir, como un delgado panteísmo de amor, aparecen mis ojos posesivos, las burbujas del beso bifurcando el espacio, húmedas de colores, transparentes.

Conjuro alado en alba misteriosa, aspiro tu perfume de silvestre armonía. Quiero dormir un sueño líquido y cruel en tus sacrificados hombros. Celofán sella, breve, la desmesura de tu cuerpo. Un espíritu oscuro sentencia tus mejillas a la mística y dulce palidez de bello.

Sagrada mancebía la del tiempo, trasmundo necesario donde romper las lanzas del más puro torneo.

Descubramos el arco simbólico de la Visión Eterna. Hay indicios de soledad en su fragante superficie. Un biombo enigmático oculta su corazón de la ira sangrienta de los antifaces.

Un espejo recrea la insólita vereda reflexiva del sabio. Te amo. Surgen ecos de muerte en las lóbregas torres. Un vendaval de amor arrasa mis palacios.

(*Elsinore*)

GRACIAS Y MOIRAS

Palma il Vecchio

noche ritmo perdido de unas islas que no te pertenecen es hermoso contemplar tus brazos armoniosos y enfermos discurren por tus hombros las arañas cerca cerca de ti el desierto mongol de los escotes muerte como en un cuadro de Jacopo tratado con lenguaje sin custodia la fuerza de la espada su débil eco cintas desplegadas no hay vasija de barro que no se te parezca no hay múltiple color de rosa herida que no se desvanezca en tus mejillas acude otoño buitre tijera de los ojos Átropo Aglaya Cloto Talía Láquesis Eufrósine

(*Elsinore*)

PASIÓN, MUERTE Y RESURRECCIÓN DE PROPERCIO DE ASÍS

Sombras, Propercio, sombras, gavilanes
oscuros, imprecisos, niebla pura,
cincha, brida y espuelas. No profanes
el mástil del amor, la arboladura

del deseo, la ofrenda de los Manes,
con la triste verdad de tu locura,
cosmética, veneno, miel, divanes
y el perfume letal de la lectura.

Conocerás un puente de cuchillos,
la brisa del instante, el terciopelo
remoto como el torso de una diosa.

Sudor frío de muerte, tenues brillos
de Cintia envuelta en luminoso velo,
y, al fin, la permanencia de la rosa.

(*Elsinore*)

GERMANIA VICTRIX

Vare, Vare, legiones redde!

Los delgados aromas del placer, sus bitácoras
vacías. Nada supe del viento y sus promesas.
Un sartal de jazmines en tu frente de ónice,
la *Vulgata* en los labios, el norte en las pupilas.
Son tan bellas tus manos como un halcón real.

Te dudo. Las inmensas planicies del deseo,
el zigurat de sangre que levantan tus ojos,
amor, helado amor, fuego en las catedrales,
mujeres en el templo de las puertas de bronce,
sacrificios humanos. Descansa, corazón.

Mi amiga es una perla disuelta en vino rubio.
Bélica está mi alma en su trono de mármol.
Las torres de silencio que guardan los cadáveres,
legiones inmoladas, revólveres perdidos
en el yermo infinito de un paisaje infernal.

Volver a Teutoburgo con tu efigie sagrada,
con la toga purpúrea de las solemnidades,
un reloj en las sienes, los dioses de la noche,
conjurar la desgracia con la magia de Cristo,
fortaleza del trono, sepulcro del dolor.

Mi caballo es un nido de irisadas serpientes,
dinosaurio de sombra, corola de tiniebla,
un escualo y su entorno de luces apagadas.

No abandona su vaina la espada de los triunfos.
El agua de tu cuerpo me impide ver el mar.

La bruma, su coraza de voces inconcretas,
el filo de los jades, las *kenningar* del miedo,
látigos o plegarias, insectos perfumados,
la selva y sus pianos de seda o de azabache,
pentámetros de amor en tu piel de visón.

Todo un martirologio de flores tu mirada,
dardos en la piscina turbia de tu cabello,
chambelanes o damas de honor en las mejillas,
oh pómulos de Varo, perfiles de su muerte,
siluetas temblorosas de un combate nupcial...

(*Elsinore*)

DEFENSA DEL AMOR DIVINO

Guillaume de Saint-Thierry

Solemnes compusieron su epitafio:
Hipias, azul y derrotado;
Protágoras, conciso;
Gorgias, irónico y banal;
Pródico, indiferente
(su atención era mínima,
muy lejano el porqué de su abandono).

Dulce amiga,
el temblor nacarado de tu escote,
la dorada silueta del champán...

(*Elsinore*)

REFLEXIONES DE HELVIO MACRO ANTE EL CADÁVER CRUCIFICADO DE SU ESCLAVA AGLAYA (71 A. C.)

C. P. Cavafis

No he encontrado en los muros y fustes de la tarde frío como en las flores heladas de tus manos, libélula de mármol, crucificada en el silencio de la colina, entre arrayanes olorosos y húmedos.

No he conocido nunca destino tan perfecto como el tuyo, esa empresa distante, desmedida. Los dioses dibujaron tu perfil en el Hades. No comprendo tu cuerpo malherido, rojizo. ¿Qué fuiste, en qué pensabas, enloquecida y sola, cuando se detuvieron las espadas y avanzaron los látigos?

Me parece escuchar todavía, seguros y dolientes, los pasos del mercader efesio que te condujo a mí (se expresaba en un latín correcto, su esposa había muerto en Bitinia, tras un infausto viaje, sonaban sus palabras tenues, adormecidas, como si aborreciese desvelar su misterio, el secreto de sus dos concubinas, su dolor y su fe en los dioses supremos). Apenas eras un pequeño recuerdo de la Hélade, de los años pasados en Atenas y en Pérgamo aprendiendo retórica. Aglaya te nombré, como una de las Gracias. Te destinaron a la danza. Mis oídos, reacios a la música, se acostumbraban a las profecías. Tu danza era una profecía, y la escuchaba.

Los orientales –Antioquía de Siria, la Judea, la propia Alejandría– no tenían cabida en mi casa de Brindisi. Tú eras la sombra tibia de mis noches. Ya entonces la conjura, los nuevos nombres que poblaban tu mente de sílabas vacías, iban tomando forma, modelándose. Yo te prohibía dulcemente sufrir, y no me obedecías.

Ni siquiera me es lícito bajarte de la cruz antes del plazo fijado por la ley. Tu agonía tuvo que ser austera, silenciosa. Comparo tu desnudo con el de hace tres años. ¿Qué tábidas encinas te albergaron? ¿Volaban aves por el cielo de Apulia la noche del amor? (El bosque, los guerreros y sus enormes lanzas, como árboles de hierro).

Imagino tu rostro el día del combate. La ansiedad de tus ojos, aquel esclavo egipcio que pereció en tus brazos, las órdenes crueles de Licinio, la bacanal de sangre, los cautivos.

El tribuno Valerio me ha dicho que es de fresno tu cruz, resistente y elástica, que expiraste mientras nacía el sol, despacio, derrotada, ilusorio reflejo de la diosa que eras antes de la tortura. Muerta te miro y bella me pareces, sin embargo. La colina es un gran anfiteatro de flores y rebeldes sometidos. Roma es la vencedora. Aglaya, la vencida. Queda la indefinida tristeza de tu cuerpo en la cruz y el resoplar nervioso de los belfos de mis caballos libios ante el rítmico vuelo, cada vez más cercano, de los buitres.

(*Elsinore*)

῞ΟΣΤΡΑΚΟΝ

....
..............διαβεβωστρυχωμένον...........la
xitud..............vello dorado...................
..................Baltimore..................tras u
n verano en el país de las eternas..........
....
piscina de Amazonas...........................

(*Elsinore*)

MEDEA EXVL

The Nut-browne Mayd

Tú, la imprecisa, la desfigurada por el velo. Sabes que no es la brisa, sino el cierzo, lo que me impele hacia tu frío, cuando, la noche blanca, el tiroteo de los copos en los anuncios luminosos, me sugieres un clima de letargo, caricia, pluma, dátil. No es el mar, es la clave de un desierto mayor aún que tu miedo. Es un encuentro de nostalgias.

(*Elsinore*)

ALEJANDRA 258-259

'Εκεῖνό σ', ὦ τάλαινα καρδία, κακὸν
ἐκεῖνο δάψει πημάτων ὑπέρτατον

A través de qué lenta caravana de espejos has llegado hasta mí para besarme, súbito, en la frente, y olvidar unos ojos florentinos que anhelaban la sombra.

(*Elsinore*)

ORACIÓN

Λιβύη

Afrodita de Cirene, en tu honor he trenzado esta corona de rosas negras. Las altas ramas de los pinos, el *rock* como una pesadilla impresa en tu deseo de agradar, la devónica furia de tus uñas en mi espalda. En tu honor he trenzado este collar de aromas enlutados. Calímaco, mi alma es una esquirla de pasión descolorida en el corazón de la noche.

(*Elsinore*)

ACTEÓN

Vuelve tu luz a mí, vuelve tus ojos,
antes que quede oscuro en ciega niebla.
FERNANDO DE HERRERA

... en honor del suspiro de Diana
al descubrir un ciervo malherido
en la piscina de sus ojos...

(*Scholia*)

GUSTAV KLIMT: *DÁNAE*

Abandonada en finitud, efímera como el cieno en los ojos del suicida, cubierta por estirpes de agua, por linajes de lluvia en gozos, por gentilidades de crispación, familias no sabidas de músculos, de fibras como flechas en arcos no aprendidos, en ballestas que vibran y violentan su línea, el seno fragmentado en temblores y habitantes de coral, atolones de tibieza, sortijas precursoras del verano.

Antes de la mujer, de su insaciable paganismo de ser, de confirmarse como una torre cierta en el espacio, todo volumen, forma, precisión de sentir, linterna de misterio en laberinto de oro, como un viejo soneto, un clavicordio de pulso enfebrecido, intemporal necesidad de labio, de raíz, de corteza de árbol, de silencio expresivo, de caricia.

Herida por un rayo de manos, de contornos que van cobrando vida, convirtiendo en olor, en vista, en tacto, todo lo innumerable en el envés del mundo, clasificando tu sopor, tu elipse, tu desesperación, hasta negar en ti la imagen húmeda de aquella creación, de aquel instante en que no existías, visión, sombra de cera y carmesí, despojo de los buitres que se llamaron Zeus, Acrisio, Polidectes, la historia, el ser, el mito, la tiniebla.

(*Scholia*)

A. PERSI FLACCI CHOLIAMBI

Hipocrene, Parnaso, luces tibias
ayer, hoy fría sombra que se huye.
No os conozco, reposo cotidiano,
sueño, sed, desatino de los débiles.
La blancura de un lirio, la fragancia
de un perfume, su voz o sus tobillos.
Todo me está negado. Soy el viento
sin colegiar, la muerte de las aves.
Atardecí. La magia de los números,
el profético naipe o la tristeza
de las viejas plegarias a los dioses.
Mi palacio se hundía, mi sonrisa
palidecía, mueca del silencio.
Desbócame, tiniebla trepadora,
hiende con tu locura mi locura,
decapita mi pérfida inocencia.
La huella de sus fustas. Era tarde…
Todo es recuerdo ya. La piel. Los ojos.
La noche está conmigo, sus corceles,
la terrible pureza de su nada.

(*Scholia*)

JANO

Dices que solo soy Enrique Jekyll
y que no existe fórmula en el mundo
capaz de convertirme en Mr. Hyde.
Cuando pasen los días o los años,
cuando el tiempo nos lleve a otras hogueras,
hacia otra plenitud u otro desastre,
imagíname entonces, imagina
los rasgos de mi cara, reconstruye
lo que tu hielo convirtió en cenizas.
Y en la memoria esquiva de tu frío,
en el recuerdo de tu lejanía,
Eduardo Hyde seré, y por un instante
me amarás, aunque yo ya esté muy lejos,
y será hermoso, pues por un instante
yo seré tu tristeza, y no los otros.

(*La caja de plata*)

OPTIMISMO

No pienses en el día oscuro, en el día en que nadie responde, en el día en que tienes a un dios enfrente. Piensa en la otra jornada, aquella en que venciste al enemigo o ganaste en el juego, aquel día feliz en que todo te sonreía. Que tu ejemplo en la vida sea siempre lo que gozaste, no el sufrimiento.

(*La caja de plata*)

EL EDITOR FRANCISCO ARELLANO, DISFRAZADO DE HUMPHREY BOGART, TRANQUILIZA AL POETA EN UN MOMENTO DE ANSIEDAD, RECORDÁNDOLE UN PASAJE DE PÍNDARO, *PÍTICAS* VIII 96

Sin mujer, sin amigos, sin dinero,
loco por una loca bailarina,
me encontraba yo anoche en esa esquina
que se dobla y conduce al matadero.

Se reflejó una luz en el letrero
de la calle, testigo de mi ruina,
y de un coche surgió una gabardina
y los ojos de un tipo con sombrero.

Se acercaba, venía a hablar conmigo.
Mi aburrido dolor le interesaba.
Con tal de que no fuese un policía...

«Somos el sueño de una sombra, amigo»,
me dijo. Y era Bogart, y me amaba;
y era Paco Arellano, y me quería.

(*La caja de plata*)

EL DESEMBARCO

Me has dejado desnudo en el campo de tenis.
No sé qué voy a hacer. Me encuentro desolado.
Anochece en el golfo de Rosas. Tengo frío.
Los griegos desembarcan en la playa desierta.

(*La caja de plata*)

LOS DEDOS DE LA AURORA

Entraban en mi alcoba sin llamar a la puerta,
deshojando en el aire la flor de su perfume.
Los oía arrastrarse, leves, hasta la alfombra.
Trepaban a la cama y luego, entre las sábanas,
me anunciaban el día con sutiles caricias.

(*El otro sueño*)

CAÍDA DE BIZANCIO EN PODER DE LOS GODOS (380 A. D.)

Han abierto las puertas de la Ciudad. Los bárbaros
adelantan diez siglos el curso de la historia.
No habrá eunucos que rijan los destinos del orbe.
Basilio Diyenís no teñirá su espada
de sangre sarracena. Balduino de Flandes
no será proclamado emperador. Vasíliev
no escribirá dos tomos agobiados de citas.
Los ojos de Teodora no asombrarán al mundo.

(*El otro sueño*)

EL JUICIO DE PARIS

A la dudosa luz del alba
las tres diosas se contonean
recién lavadas y peinadas,
cada una con un espejo
que dice: «Tú eres más hermosa».

Fina escarcha y polvo de estrellas
salpica los divinos cuerpos
hechos de sueño y de rocío
y de polen de madreselva
y de feérica telaraña.

Se desperezan los gorriones.
Un viento sur muy destemplado
riza las ramas de los árboles.
Llega Paris a la glorieta
silbando alegre tonadilla.

(*El hacha y la rosa*)

EPIGRAMA

Me gustó imaginar, como a todos los hombres,
que la chica que amaba se acostaba con otros,
que se lo hacía incluso con gente de su sexo,
para darle más morbo y más psicopatía.
Me divirtió sufrir con esos disparates,
pensar que aquellas curvas que tanto me excitaban
habían sido de tirios y serían de troyanos.
Pero traspasé el límite. Lo tomé tan en serio
que tuve que vengar mi honor nunca ofendido
en el plano real, que es el que menos cuenta.
Sí. La maté en el mismo lecho en que imaginaba
que me había engañado tan deliciosamente,
y luego me maté, por si cupieran dudas
de mi amor, silenciando críticas venideras.

Caminante que pasas al lado de esta tumba,
que estas palabras guíen tus pasos en la vida:
por más que te divierta imaginarla en brazos
de alguien que no seas tú, no pierdas el sentido;
mátala solo a ella, trocea su cadáver
y búscate otra chica para seguir soñando.

(*El hacha y la rosa*)

REMEDIA AMORIS

Fue una idea malísima lo de volver a vernos.
No hicimos otra cosa que intercambiar insultos
y reprocharnos viejas y sórdidas historias.
Luego te fuiste dando un sonoro portazo,
y yo me quedé solo, tan furioso y tan solo
que no supe qué hacer salvo desesperarme.
Bebí entonces. Bebí como los escritores
malditos de hace un siglo, como los marineros,
y borracho vagué por la casa desierta,
cansado de vivir, buscándote en la sombra
para echarte la culpa por haberte marchado.
Primero una botella, luego dos, y de pronto
me puse tan enfermo que conseguí olvidarte.

(*El hacha y la rosa*)

NAUSÍCAA

El mar de Homero ríe para ti,
que te acodas desnuda en la baranda
en busca de aire fresco, con la copa
de néctar en la mano, mientras vienen
y van los invitados por la fiesta
que has dado en el palacio de tu padre.
El aire puro inunda tus pulmones
y el néctar se te sube a la cabeza.
Llega entonces el hombre de tu vida
a la terraza. Es una hermosa mezcla
de fortaleza y de sabiduría.
Ulises es su nombre. Tú no ignoras
que pasará de largo. Ya soñaste
su desdén tantas veces… Pese a todo,
el brillo de tus ojos insinúa:
«No me canso de verte». Y tus oídos
reclaman: «Háblame, dame palabras
para vivir». Y con el sexo dices:
«Dueño mío, haz de mí lo que te plazca».
Todo es entrega en ti, dulce Nausícaa.
Pero él está aburrido de la fiesta,
perdido en el recuerdo de su patria,
y no se fija en ti, ni en ese cuerpo
de diosa acribillado de mensajes
que nunca llegarán a su destino.

(*El hacha y la rosa*)

HELENA: PALINODIA

No, no es verdad, amor, aquella historia.
No llegó a seducirte aquel imbécil
de rizos perfumados. No te fuiste
precipitadamente de la fiesta
de nuestro aniversario, con los ojos
clavados en el bulto que emergía
de entre sus piernas, y con las narices
saturadas de droga. No embarcaste
en su yate de lujo con lo puesto
–que casi no era nada–, mientras yo
te buscaba en la calle como un loco,
creyendo que te había pasado algo.
No desapareciste de mi vida
como una exhalación y para siempre.
No puede ser verdad aquella historia.

(*El hacha y la rosa*)

SOBRE UNA ODA DE HORACIO

–Mientras yo te gustaba
y no había rival que rodease
tu cuello con sus brazos,
fui feliz.

–Cuando tú me querías
y no tenías ojos para otra,
y eras mi fiel esclavo,
fui feliz.

–Es ahora mi dueña
una mujer más guapa y más simpática
que tú. Y tiene dinero.
Soy feliz.

–No puede compararse
contigo el hombre con quien salgo ahora.
Joven, rico, apacible.
Soy feliz.

–¿Qué si yo te dijera:
ven, amor, torna al yugo que rompimos,
deja al imbécil ese,
vuelve a mí?

–Aunque él es más hermoso
que el sol, y tú la sombra de una sombra,
a tu lado, mi vida, he
de morir.

(*El hacha y la rosa*)

TEICHOSCOPIA

a Carlos García Gual

Tras nueve años de guerra, el rey de Troya
no sabe quiénes son sus enemigos.
Se lo pregunta a Helena, allá en lo alto
de la muralla: «Dime, Helena, hija,
¿quién es ese que saca la cabeza
a los demás y que parece un rey
por su modo de andar y por su porte
señorial?». «Mi cuñado, Agamenón,
un hombre insoportable que no cesa
de gruñir, el peor de los esposos
y un mal padre». «¿Y el rubio que está al lado?».
«Es mi marido, Menelao, un idiota
que no supo apreciar como es debido
lo que tenía en casa y no comprende
a las mujeres». Príamo registra
la información de Helena en su vetusto
cerebro, y continúa preguntando:
«Y ese otro de ahí, de firme pecho
y anchos hombros, que va y viene nervioso
por el campo, las manos a la espalda,
como quien trama algo, ¿quién es ese?».
«Odiseo de Ítaca, un fullero
de quien nadie se fía, un sinvergüenza».
«¡Caramba con los griegos!», piensa Príamo,
y le dice a la novia de su hijo:
«Otros veo, muy altos y muy fuertes,
que destacan del resto. Por ejemplo,
esa masa magnífica de músculos
que está sentada al fondo, a la derecha...».

«Es Ayante, una bestia lujuriosa
y prepotente, un grandullón con menos
inteligencia que una lagartija».
«¡Qué bien hice estos años –piensa Príamo–
sin saber quiénes eran estos tipos!
Basta que gente así reclame a Helena
para no devolverla». Y en voz alta
dice a la chica: «¿Dónde estará Paris?».
«Imagino que en la peluquería,
haciéndose las uñas y afeitándose».
«Ayúdame a bajar de la muralla
y vamos en su busca, que os invito
a los dos a una copa en el palacio».

(*Por fuertes y fronteras*)

COLLIGE, VIRGO, ROSAS

Niña, arranca las rosas, no esperes a mañana.
Córtalas a destajo, desaforadamente,
sin pararte a pensar si son malas o buenas.
Que no quede ni una. Púlete los rosales
que encuentres a tu paso y deja las espinas
para tus compañeras de colegio. Disfruta
de la luz y del oro mientras puedas y rinde
tu belleza a ese dios rechoncho y melancólico
que va por los jardines instilando veneno.
Goza labios y lengua, machácate de gusto
con quien se deje y no permitas que el otoño
te pille con la piel reseca y sin un hombre
(por lo menos) comiéndote las hechuras del alma.
Y que la negra muerte te quite lo bailado.

(*Por fuertes y fronteras*)

COSAS DE HERÁCLITO

Decía el viejo Heráclito: «Nadie puede bañarse
dos veces en el mismo río, pues todo fluye».
Y también: «No podrías recorrer los dominios
del alma, ni escapar de un sol que no se pone».
Si solo fuera eso, no tendría importancia,
pero dice otra cosa que golpea mi mente
cada vez con más fuerza y me tiene hecho polvo:
«El camino hacia arriba y hacia abajo es el mismo».

(*Por fuertes y fronteras*)

EL ENEMIGO COMÚN

a Alfredo Taján

Como Machado, yo también soñaba
de niño con los héroes de la *Ilíada*,
pero mezclándolos en coctelera
con los padres de la Revolución.
Marat, Robespierre, Babeuf, Lenin y Trotski
vivían en mis sueños de muchacho
junto a Paris, Ayante y Diomedes.
Pese a las discrepancias ideológicas
nunca se peleaban entre ellos,
pues tenían enfrente un enemigo
común: la Realidad.

(*Por fuertes y fronteras*)

LAS TRES HERMANAS

Había tres hermanas en mi sueño. Tres soles
en la bruma del mundo, tendidas en el cielo
como en un sucio lecho que ellas iluminaban
a fuerza de blancor. Tres minas de diamantes
para cortar las rocas desgastadas y oscuras.
Y venían de arriba con la luz en las manos
a encender una lámpara que alumbrase mi alcoba
por el resto del tiempo. Y a la luz de esa lámpara
las paredes del cuarto se volvían espejos
parlantes que decían: «Ha llegado tu hora.»
Y, como tres burbujas, las hermanas del sueño
flotaban en el aire un brevísimo instante
y desaparecían.

(*Por fuertes y fronteras*)

CNOSO

MATRIS MEMORIÆ SACRVM

Y, de pronto, mi madre, abanicándose,
se me aparece en Cnoso, y yo le sirvo
el enésimo vaso de agua, y se me muere
otra vez, y otra vez me entregan sus cenizas.
Y el capricho de Evans se transforma
en un improvisado sanatorio
donde solo se escuchan los lamentos
de quienes no verán el nuevo día,
en una especie de necrópolis cercada
por guerreros micénicos que ignoran la piedad.
Y, de pronto, me veo con mi madre
–o lo que fue mi madre– entre los brazos,
tratando de burlar el estricto bloqueo
para llegar al puerto. Y lo consigo.
Y vierto el contenido de la urna
en el azul de los frescos minoicos,
que es el inagotable azul del mar.

(*Por fuertes y fronteras*)

DEMASIADO TARDE

Luna de cuernos de oro, y vosotras, estrellas
que brilláis como el fuego y a quienes el océano
recibe en sus praderas de plata, ¿la habéis visto?
Se fue sin dejar rastro de lágrimas o sangre,
sin llevarse sus libros, ni la bisutería
con que se engalanaba, ni las cartas de amor
atadas con un lazo granate, ni las fotos
que le hice desnuda. Se marchó y no sé dónde
buscarla, pero sé que seguiré buscándola
hasta que los sabuesos de mi amor la descubran,
cuando ya nada tenga arreglo.

(*Por fuertes y fronteras*)

ULISES

Atado al mástil.
Las garras afiladas
de las Sirenas.

(*La vida en llamas*)

EL HÉROE

a Victoria León

Vivió. Murió.
Supo ser nadie y todos
al mismo tiempo.

(*La vida en llamas*)

EN LA CORTE DE ALCÍNOO

La noche es larga
en la corte de Alcínoo.
Cuéntanos, huésped.

(*La vida en llamas*)

PUERTA CERRADA

¿Me abrirías la puerta? Era importante
pensar qué llevarías puesto entonces.
O que no llevarías. O si aquello
se quedaría en un *paraklausíthyron*.
Pasé todo un verano imaginando
cómo te dirigías a la puerta,
cómo manipulabas los cerrojos,
cómo, al fin, te mostrabas a mi vista
y me decías: «Pasa, no te quedes
ahí. La noche es larga, interminable.
En esta casa no se duerme nunca».

(*El reino blanco*)

PAISAJE CON FIGURA ENCADENADA

Te imagino en el Cáucaso, desnuda
y encadenada, como Prometeo,
pero en mujer moderna y bronceada.
Con un buitre a tu lado que no roe,
ni muerde, ni desgarra, porque está
colado por tus huesos y tu carne.
Y se limita a vigilar tu sueño,
a evitar que se agolpen los mirones,
a impedir que te piquen las avispas
y a esperar que los dioses de mi mente
te trasladen del Cáucaso a su nido.

(*El reino blanco*)

SAFO Y FAÓN

Desengañaos, Faón era una chica.
Safo no conoció el amor de hombre.
Ni falta que le hacía. En su cortejo
de una niña de formas opulentas
que llegó de Corinto, la llamaba
Faón, en masculino, y la vestía
de muchacho por morbo, comprimiendo
sus pechos indomables con ayuda
de un ceñidor y vendas a destajo.
Faón, un día, se cansó de tanta
presión y dejó a Safo por un chico.

(*El reino blanco*)

TEMPVS NON FVGIT

Reloj de arena.
Me subo a tu cintura
y el tiempo cesa.

(*El reino blanco*)

PARA FOXÁ, A LA MANERA DE CALÍMACO

Me he acordado, Foxá, de que llevas ya muerto
mucho tiempo, y las lágrimas han nublado mis ojos.
Nunca te vi en persona, pero seguí tus huellas
por aquí y por allá, sobre todo en los bares
donde tomaste copas y reinaste, hoy cerrados
en su gran mayoría. Te viví en las anécdotas
que de ti me contaba mi querido tío Alberto,
anécdotas en las que brillaba tu sentido
del humor, tu ironía, tu ingenio incomparable.
Tú te has muerto, Foxá, para siempre, pero ellos,
tus poemas, los ruiseñores de tu canto,
no morirán jamás. La muerte, que termina
con todo, no podrá terminar con sus luces
de plata, con el sol, con el cielo que guardan.
Y tú, desde el sepulcro, en tu noche sin luna,
verás brillar la luna cada vez que se acerque
un lector a tus versos.

(*El reino blanco*)

CAVERNA PERPETUA

Como todos los hombres, vine al mundo
a recordar, porque el conocimiento
es tan solo memoria, remembranza,
reminiscencia de otra realidad
mejor, más prestigiosa y más estable,
de la que un día fuimos desterrados.
La vida es perseguir inútilmente
la fuente primordial, donde confluyen
todos los hilos de agua del recuerdo,
rozar casi sus gárgolas y hundirse
en el suplicio de una sed eterna.
Tú, madre mía, soledad, aún puedes
salvarme de este olvido que amenaza
con sembrar de silencio las llanuras
sonoras de mi alma. Novia mía,
hermana soledad, dime qué hubo,
o si hubo algo, digno de memoria
fuera de la caverna en la que vivo

(*Cuaderno de vacaciones*)

CORRIGIENDO A SAFO

Safo decía que lo más hermoso
no era un tropel ecuestre, ni una línea
de hoplitas bien armados, ni una escuadra
de navíos de guerra, ni el *First Folio*,
sino el objeto deseado. ¡Lástima
grande que confundiera la belleza
–permanente, objetiva– con un simple,
despreciable y efímero deseo!

(*Cuaderno de vacaciones*)

YO NO QUIERO SER REY

«Rey es quien nada teme,
rey es aquel que no desea nada»,
decía el viejo Séneca.
Yo no quiero ser rey.
Ni de viejo me atrae la monarquía.
Soy y seré hasta el día de mi muerte
un cóctel de temores y deseos.

(*Cuaderno de vacaciones*)

HERO Y LEANDRO

I

De modo que Leandro se enamora
de Hero, sacerdotisa de Afrodita,
que ha sido destinada por sus padres
a la virginidad (¡si ellos supieran!).
Y para transgredir esa norma y dar cauce
a sus calenturientas fantasías,
no tiene más remedio que atravesar a nado,
de noche, el Helesponto, alumbrándole ella
con una antorcha desde la torre en la que vive.
Ese es Leandro: un chico de excelente familia
que no hace lo que debe. Conozco infinidad
de jovencitas griegas que hubiesen cancelado
sus vacaciones en Egipto por
una sola mirada de sus ojazos glaucos.
Pero él, erre que erre, loco por esa monja
desgarbada que vive en una torre
(como la Delgadina del romance),
porque él no es un burgués como sus compañeros
de colegio, sino uno de esos *poètes maudits*
que aspiran a morir jóvenes, para hacerse
un hueco en la *Britannica* y en *Google.*

Hay que decir que Hero recibió
los primeros poemas incendiarios
de Leandro con sana indiferencia
y con no poca sorna, pues no había
una sílaba larga ni una breve en su sitio.
Pero el galán, consciente de que el verso
no bastaba, acudió a la prosa del talle

–era bastante guapo– y consiguió llevársela
a la cama una noche que Hero pasó en Abidos
(donde vivía Leandro) con motivo de una
procesión en honor (cómo no) de Afrodita.

II

El amor y la muerte. Ahí los tenéis, bailando
muy juntos y agarrados, muy patéticos,
frotándose y lamiéndose con fruición, como si
estuviesen posando para hacer las delicias
de un vecino rijoso. Él, Leandro, la abraza
con furia, desgreñado de algas y salitre,
empapado de mar y de deseo.
Ella, Hero, la novicia desgarbada de ayer,
está maravillosa: es una de esas chicas
que cuando pierden la virginidad
pierden la timidez y la vergüenza,
y da gusto mirar su mirada insaciable,
sus curvas y esa piel tan pálida y tan sexi:
parece una odalisca de Ingres o de Fortuny,
o una novia de Drácula.
Era su última noche
antes de la tormenta. Por poco se mataron
a besos y mordiscos antes de tiempo. Se
despidieron aún húmedos, sabiendo
que la próxima noche ya no estarían juntos,
que la inmortalidad de su amor se pagaba
con la muerte de ambos,
con su mutuo y supremo sacrificio.

(*Cuaderno de vacaciones*)

ESTÉTICA DE LO FRAGMENTARIO

«Hasta las ruinas mueren», leemos en Lucano,
al contar la visita de César a las ruinas
de Ilión. No queda rastro de la fuerte muralla
que vio la despedida entre Héctor y Andrómaca
(«tú, Héctor, padre y madre para mí, hermano mío,
radiante compañero de lecho...»). Todavía
Schliemann no había hecho de las suyas, y nadie
sabía dónde estaba la Troya de la *Ilíada*.
Hasta las ruinas mueren, pero vale la pena
soñarlas, como hicieron los viejos paisajistas
del siglo XVII o XVIII, gente
como Poussin o como el genial Piranesi.
Hoy elijo soñar las de Constantinopla
en 1204, después del concienzudo
saqueo a que los francos sometieron la urbe.
Esas ruinas tan tristes nos legaron la estética
del fragmento, estandarte de la lírica hispánica
en este primer tercio del siglo XXI.
Se habían conservado en Bizancio los *corpora*
más o menos completos de la lírica griega
primitiva, y la Cuarta Cruzada se encargó
de borrarlos del mapa. Diríamos que aquel
estrago resultó providencial, pues Safo
y Alceo ganan mucho en estado ruinoso.
Quién nos iba a decir que aquellos invasores,
tan poco complacientes con la cultura antigua,
iban a subvertir, ocho siglos más tarde,
nuestra visión del mundo, tirándonos al pozo
del gusto por las ruinas y por lo fragmentario.

(*Bloc de otoño*)

ELOGIO DE LUCIANO DE SAMÓSATA

a Alfonso Martínez Díez

Platón fue el inventor de la literatura
dialogada. Sus diálogos, maravillosamente
redactados, pecaban de cierta infatuación,
como suele ocurrir con las obras maestras
de la filosofía. Luciano de Samósata,
muchos siglos después, se sirvió del diálogo,
pero en otro sentido más liviano, sin tanta
gravedad conceptual, sin tanta trascendencia.
Me encanta la Segunda Sofística. Me encanta
ese relativismo que la caracteriza,
su culto a la retórica, su carencia de dogmas,
y su descreimiento, y su capacidad
de embaucar al lector, y el sano escepticismo
que impregna sus creaciones. Dentro de la Segunda
Sofística, Luciano representa la gracia
dislocada, el humor, la agudeza y el *wit*
sobre todas las cosas. Fue, más que un escritor,
un palabrero irónico que se rio de todo
y levantó castillos vacíos en el aire
que evidenciaban nuestra contingencia
y nuestra vanidad, dando la imagen
exacta de lo humano.

(*Bloc de otoño*)

LA MUERTE BELLA

Desnudo y muerto. ¿Qué mejor destino
para el héroe después de la batalla?
La belleza perfecta para Poe
era el cadáver de una mujer joven.
(Los necrófilos saben de qué hablo).
Pero encontrar la muerte en el combate
cuerpo a cuerpo, embellece al que la sufre,
lo convierte en un mito del coraje,
en un emblema de la valentía.
Los dioses aman a quien muere joven
y, si muere en el campo de batalla,
lo aman más todavía. El viejo Homero
cantó la sangre que fluía, tibia,
por la llanura en torno al Escamandro.
Y era hermoso morir por un fantasma
hecho de nube (que es lo que era Helena,
si hacemos caso al bueno de Estesícoro
en su provocadora *Palinodia*),
y morir bello, roto pero hermoso,
sin causa, sin motivo, ni siquiera
para honrar a la patria o deshacer
un entuerto. Morir por la belleza
de lo inútil, que no por la verdad
ni por el bien, esos fantasmas vanos.
La cruel dentellada del león
no quita, sino añade, fortaleza
a la recia textura del guerrero
que la padece. Y ese galo muerto,
caído sobre el propio escudo inane,
no puede ser más bello. Las muchachas
del mundo se emocionan al mirarlo,

se lamentan, lo lloran, lo desean,
como desean a ese otro gálata
que se atraviesa con la espada el cuello,
o al caído de Egina, sonriente
ante la nada, o al gentil Patroclo,
que mató a Sarpedón y fue vencido
por Héctor a su vez, almas hermosas
en cuerpos deslumbrantes, infinita
secuencia de guerreros en el Hades
en lugar de en el lecho del amor,
huérfano ahora de virilidad,
ayuno de los brazos y los músculos
que te instalaban en el paraíso.
Y mientras los taladran con los ojos,
absortas en su inmóvil hermosura,
las muchachas del mundo consideran
la vanidad de todo y reflexionan,
unidas por un mismo pensamiento:
Desnudo y muerto, ¿qué mejor destino
para el héroe después de la batalla?

(*Bloc de otoño*)

VARIACIÓN SOBRE UN TEMA DE CATULO

Muramos juntos, Lesbia mía, amémonos
como fieras en celo hasta el final,
sin dar tregua al deseo. Consumamos
nuestros cuerpos ajados en la hoguera
de nuestras obsesiones favoritas,
como herejes relapsos que persisten
en su error de quererse para siempre.
Y, después, suicidémonos, siguiendo
el ejemplo de Heinrich y de Henriette,
o el de Lotte y Stefan, para que
nadie pueda decir que nuestro amor,
como el de tanta gente, fue fugaz,
y para que el *flâneur* de cementerios
pueda leer, inscrito en nuestra tumba,
el siguiente mensaje: «Ahí os quedáis.
Nuestra es la eternidad».

(*Bloc de otoño*)

VARIACIÓN SOBRE OTRO TEMA DE CATULO

Me preguntas, Carmilla, cuántos besos
tuyos me saciarían esta noche
de la razón en que las criaturas
lovecraftianas han tomado el mando
y no se mueve nadie sin permiso.
Y te respondo que con uno solo
con dientes (no con lengua) que horadase
mi yugular tendría suficiente.
No quiero seguir vivo en este mundo,
donde no hay más que idiotas y tarados
que han prohibido los mitos y los héroes.

(*Bloc de otoño*)

VARIACIÓN SOBRE UN TEMA DE ÍBICO

Otra vez ese niño insoportable, Eros,
me apunta con su flecha y da en el blanco.
Nunca yerra el canalla. Tiene la puntería
de un Robin Hood o de un Guillermo Tell.
Recibo su mortífero flechazo
en pleno corazón, y me desplomo
como un fardo en la red inextricable
de la rubia Afrodita, de donde es tan difícil
escapar.
¡Y cuidado que ha envejecido el niño!
Pero sigue en activo, y no ha perdido un ápice
de maldad, y sus ojos siguen igual de lánguidos
y perversos, y no respeta canas
ni se para a pensar a quién apunta,
ni para qué lo hace, ni por qué.
Atrapado en la red, me da un ataque
de temblor, y me cubre un sudor frío,
y me pongo amarillo como un muerto,
y no veo otra cosa que no sea tu imagen,
y me pudro en la cárcel de tu amor.

(*Bloc de otoño*)

VARIACIÓN SOBRE UN TEMA DE MIMNERMO

Fuera de los regalos que dispensa Afrodita,
lejos de los placeres de la carne, ¿qué queda
que pueda resultar medianamente grato,
cuando lo principal nos dejó para siempre?
No es solo fealdad lo que trae la vejez,
sino también ruindad. De viejos, contemplamos
el mundo con rencor. Nos parece imposible
que haya acabado todo tan pronto, y se nos frunce
el ceño, y comenzamos a detestar palabras
como 'joven', 'frescor', 'lozanía', 'verano',
y nos hacemos turbios, con posos permanentes
en el alma, envidiosos de cuanto nos rodea.
Esos cuerpos triunfantes, esas miradas limpias
e ingenuas, esos pechos erguidos, esos muslos
compactos continúan tentando nuestra carne
fofa, inútil, añosa. Siguen soliviantándonos
como antes. Pero antes no éramos invisibles
para ellos, y ahora somos apenas sombras
que les salen al paso, regiones devastadas
por la edad, repulsivas reliquias de otro tiempo.

(*Bloc de otoño*)

VARIACIÓN SOBRE OTRO TEMA DE MIMNERMO

No sabemos qué guardan los dioses, allá arriba,
en sus tronos de mármol. Cuánto mal, cuánto bien
reservan a los hombres en sus laboratorios.
Sí sé que todo el bien que para mí guardaban
lo he gastado en los años que he vivido hasta ahora.
Para que la balanza siga en su fiel eterno,
debo afrontar el mal que me está reservado
en el futuro con humor y escepticismo.
Va a dar igual, pero es mucho mejor
no perder la sonrisa ante lo irremediable.

(*Bloc de otoño*)

VARIACIÓN SOBRE UN TEMA DE ALCMÁN

Duermen las cordilleras, las cumbres y los valles,
y el bosque y cuantos viven en él, ya sean plantas
o animales, y duermen los peces en los ríos
y en los océanos, y duermen en la selva
las fieras, y las aves de largas alas duermen
en sus nidos, y duermen las abejas en las
colmenas, y las rosas duermen en los jardines.
No comprendo por qué, si toda criatura
duerme en este hemisferio tan apaciblemente,
tengo que ser el único que no puede dormir,
ni con pastillas, hoy, mañana ni pasado
por culpa del terror que atenaza mi espíritu.
A este paso, me temo que solo cuando esté
muerto podré dormir tranquilo y sin angustia.

(*Bloc de otoño*)

VARIACIÓN SOBRE UN TEMA DE SAFO

No sé qué hacer. Mi sentimiento es triple.
Se reparte entre el miedo y el espanto
–que vienen a ser uno–, la ansiedad y la angustia
–que cuentan como una– y el amor y el deseo
–haz y envés de una misma cosa–. ¡Cómo quisiera
que fuese más sencillo mi sentimiento, sin
tanta maldita mezcla, puro, simple, desnudo,
amor solo, fusión con todo lo creado,
y no desear nada que no fuese inocente,
cándido, ingenuo, humilde, pródigo, generoso!

(*Bloc de otoño*)

PANTA RHEI

«Solo quiero que todo se quede como está»,
pensé entonces (y pienso ahora lo mismo:
pensamientos de *miser puer aeternus*).
Pero las cosas –ya lo dijo Heráclito–
no permanecen nunca como estaban,
ni como están, y todo fluye tanto
que hasta desaparece cuando menos
lo espera uno, y es mejor así:
de repente, a traición, sin previo aviso.

(*Bloc de otoño*)

VARIACIÓN SOBRE UN TEMA DE SIMÓNIDES

Mientras el agua fluya y el mar se rompa en olas,
y los árboles crezcan hasta rozar el cielo
y luego se desplomen y alimenten la tierra
con su vil podredumbre; mientras el Sol encienda
sus luces en lo alto, alumbrando la vida,
y la Luna nos muestre caminos en la noche,
y Venus brille, altiva, en la bóveda etérea,
estaré aquí, mi vida, velando tu reposo,
limpiando de maleza y de musgo tu tumba,
repitiendo tu nombre
hasta el fin de mis días.

(*Bloc de otoño*)

VARIACIÓN SOBRE OTRO TEMA DE SIMÓNIDES

Igual ración de muerte nos aguarda,
en el festín final, a los seres humanos
sin excepción, a aquellos que han practicado el bien
y a los que han estafado, violado, asesinado.
Ese hecho irrefutable podría conducirnos
a prescindir de códigos morales elevados
y entregarnos al caos, pero eso no resulta
consolador ni estético, y sería un fracaso
reconocer la magia perversa de los dioses
e ir por ahí robando, violando, asesinando.
Por mucho que la muerte nos aguarde, no echemos
leña al fuego, y en este lamentable teatro
que premia al malhechor y perjudica al héroe
no juguemos jamás el papel de villano.
Lo bueno es bello siempre y lo bello es lo único
que merece la pena en este desdichado
mundo en el que vivimos y morimos, en este
pudridero de angustia y desengaño.

(*Bloc de otoño*)

VARIACIÓN SOBRE UN TEMA DE ARQUÍLOCO

No me importa el dinero. No me atraen
el poder de los dioses ni la gloria
del artista. No quiero propagarme
en las lenguas ajenas, ni en las letras
de molde de los libros. Solo quiero
tener entre mis brazos a mi amada
y acariciar sus muslos muy despacio,
rozándolos apenas, y enlazar
mi cuerpo con el suyo.

(*Bloc de otoño*)

CONTRA UN FRAGMENTO DE ARQUÍLOCO

a Luis Miguel Suárez

Nunca solté mi escudo.
Nunca inicié una fuga vergonzosa,
dejándolo en el suelo.
Ningún tracio lo lleva,
presumiendo de habérmelo quitado.
Conservar ese escudo me importa más que nada
en el mundo: es la joya de mi corona íntima,
la cifra de mi honor.
No hay otro como él
en la forja de Hefesto, ni en las manos
del belicoso Ares.

(*Bloc de otoño*)

OTRA VEZ EROS

Ya no pienso en asuntos importantes,
ni leo los periódicos, ni opino
sobre la conveniencia de que el mundo
vuelva a ser el de antes de las revoluciones,
ni escucho a Heinrich Schütz,
ni releo a los clásicos.
No necesito ya saber más cosas,
ni apetezco más cosas que una piel,
un cuerpo que se rinde, un abandono
con curvas, una voz, una mirada.
Me he vuelto a enamorar.
De nuevo soy un ramo de temores,
un manojo de afanes y deseos.

(*Bloc de otoño*)

SOBRE UN POEMA DE SAFO

Ven de una vez, di adiós a tu marido
para siempre y refúgiate en mis brazos,
que te están esperando desde siempre.
Fuera, la brisa sopla con dulzura,
celebrando la vuelta del otoño,
y barre suavemente varias tribus
de hojas que han caído de los árboles,
prefigurando nuestra propia muerte.
Ven aquí a perfumar con tu presencia
mi templo, a consumirme de deseo,
y pon fin a mi espera codiciosa
con el néctar sin horas de tus labios.

(*Bloc de otoño*)

QUIERO DECIRTE ALGO

a Javier Facal, que me recitó en griego,
de memoria, el fragmento de Safo

«Quiero decirte algo, mas no me lo permite
la vergüenza...». Los puntos suspensivos
suplen ese silencio que el fragmento
destila. ¿Qué querría decir Safo
a su amada? ¿O tal vez no era su novia
la receptora de la frase? Todo
se inscribe en el enigma indescifrable
que supone acercarse a esas astillas
del tronco de la lírica, retazos
que, víctimas del paso de los siglos,
fueron todo y acaban siendo nada.
Nunca sabremos lo que la vergüenza
prohibió decir a Safo. Quizá fuese
solo una obscenidad, una salida
de tono, un exabrupto. ¿Quién lo sabe?
Todo lo que ha llegado hasta nosotros
de la poeta lesbia está impregnado
de misterio. También lo es que mi boca,
cuando estás a mi lado y me sonríes,
no sea capaz de articular palabra.

(*Bloc de otoño*)

GEÓRGICA

¿Es posible esta paz? ¿Hay vida más allá
de la, por otra parte, deliciosa
muerte de la ciudad y de su asfalto?
Para que todo cuadre con Virgilio,
hasta hay unas abejas que susurran,
lo mismo que en la égloga tercera
de Garcilaso, dándole al silencio
de la tarde pagana un toque arcaico.
¿De qué cuadro de Caspar David Friedrich
o de qué *Afinidades electivas*
surge esta metafísica campestre?
No de la realidad, sino del arte,
que es mucho más real. Porque esta geórgica
no es más que un homenaje a la ficción
de lo que crea el hombre, no a ese juego
cruel a que nos tiene acostumbrados
la vil Naturaleza que nos mata.

(*Bloc de otoño*)

POR CULPA DE SAFO

a Carlos Martínez Aguirre

Lo que nació
para amar no nació
para sufrir.

¿O es al revés?
Porque amor es dolor
y amar, sufrir.

Antes de Safo
nadie amaba y de amores
nadie sufría.

Luego se puso
de moda el sufrimiento
de amar en vano.

Y así nos va:
dando tumbos, rozando
siempre el abismo;

enamorándonos
de quien no deberíamos,
sufriendo al límite.

Y todo por
culpa de la maldita
Safo de Lesbos.

(*Después del paraíso*)

TEOPOMPO Y FILIPO

Escribió Teopompo sobre Filipo un libro
en el que lo enjuiciaba como hombre y como rey,
concluyendo que fue un gran soberano
en el plano político y un monstruo
en el plano moral, sin que ambas opiniones,
en apariencia opuestas, fuesen contradictorias.
Alguien, contemporáneo de Teopompo, dijo
a uno de sus colegas de escuela filosófica:
«¿Cuál de los dos Filipos que retrata Teopompo
te parece el auténtico?». Y Léucrates (que así
se llamaba el filósofo interrogado) dijo:
«Los dos Filipos son igual de verdaderos.
La vida de los hombres discurre en un espacio
de frontera entre el Bien y el Mal, si es que hay fronteras
entre los dos principios que rigen la conducta
de los seres humanos. Y es en el impreciso
límite que separa el vicio y la virtud
donde se desarrolla nuestra existencia. Al cabo,
Bien y Mal no son más que una y la misma cosa,
como quería Heráclito, de modo que Filipo
fue, según Teopompo, bueno y malo a la vez,
como todos los hombres de este mundo».

(*Después del paraíso*)

LO VIVO Y LO PINTADO

Agesilao, valiente rey de los espartanos,
ha venido a Corinto en visita oficial.
Actúa en el teatro de Corinto un histrión,
Calípides de nombre, que lo aborda en la calle
y pregunta al monarca: «¿Me conoces?». El rey
responde: «Tal vez seas Calípides. Me han dicho
que era más que probable que un actor de ese nombre
se dirigiese a mí para decirme algo
por el estilo. ¿Eres Calípides o no?».
«Lo soy, Agesilao. Y he venido a rogarte
que te dignes oír cómo imito el gorjeo
del ruiseñor. Me sale maravillosamente,
como si fuese un ave canora de verdad».
Y Agesilao contesta: «No deseo escucharte.
He oído muchas veces al ruiseñor auténtico
y ya sé cómo canta».

(*Después del paraíso*)

VIGENCIA DEL IMPERIO ROMANO

Los imperios son una imagen
muy didáctica y muy precisa
de la fugacidad de las cosas:
hasta el gran Imperio Romano
desapareció por el foro
de la Historia, tras varios siglos
de hegemonía incuestionable.
Pero vivimos todavía
de sus virtudes y defectos.
No podemos construir nada
que no se inspire en sus principios.
Somos griegos cuando pensamos,
pero si hablamos de política
nuestra democracia se asienta
en las hechuras imperiales.
Desde Tiberio hasta Calígula,
desde Nerón a Domiciano,
los emperadores tuvieron
que reinventarse como símbolos
de lo penoso que resulta
dar poderes sin restricción
a psicópatas caprichosos.
La democracia que pregonan
las gargantas de nuestros líderes
se parece a las fantasías
de los viejos emperadores,
pero sin el viejo *glamour*
de las historias de Suetonio.
El Imperio, y es lamentable,
sigue hoy tan vivo como entonces.

(*Después del paraíso*)

POETA *MALGRÉ LUI*

El maestro Platón hizo que su República
no aceptase poetas. Los juzgaba culpables
de lesa humanidad por urdir sus ficciones
lejos de la virtud, fuera de la verdad.
Yo opino lo contrario que Platón: para mí
la poesía linda con la Virtud y vive
dentro de la Verdad, humaniza a los déspotas,
mitiga las angustias del vivir, dulcifica
el dolor y traslada el alma de los débiles
a un mundo de coraje y de honor que engrandece
y amplía los confines de nuestra vil morada.
Y hablo de la poesía épica, que es la única
verdadera, aunque ahora pase por mal momento.
Y también, por qué no, de la gran poesía
que destilan los *Diálogos* de Platón, el hechizo
poético de su prosa. Porque, aunque no le guste,
Platón no es solo un genio del pensamiento humano,
sino también un mago de la literatura,
pese a haber desterrado de su Estado ideal
a Homero y los poetas de su tribu.

(*Después del paraíso*)

TEOREMA DE PITÁGORAS

Tú ardes y yo ardo, mientras ella
se consume en los brazos de un tercero.
¡Qué malo es compartir novia entre amigos!
Siempre se va con otro, no tolera
triángulos felices, porque teme
ser el vértice débil, el que corre
más riesgos de caerse del programa
por un motivo u otro. Y se confunde:
ella es la hipotenusa de la historia;
nosotros somos solo un par de ardientes,
desolados, patéticos catetos.

(*Después del paraíso*)

ODI ET AMO

Odio a Eros. ¿Por qué no les dispara
a las fieras? ¿Por qué sigue apuntando
con sus saetas a mi corazón?
¿Qué gana reduciéndome a cenizas?
¿Qué obtiene arrebatándome la paz?
Quiere ver cómo actúa el sentimiento
sobre un alma carente de emociones.
Quiere inundar de vida la necrópolis
donde he vivido, muerto, tantos años.
Odio a Eros. No sé vivir sin él.

(*Después del paraíso*)

TRES MUJERES

He soñado que andaba pastoreando
mis rebaños al pie del monte Ida
cuando las vi. Eran tres, a cuál más guapa,
y me pedían que dictaminase
quién era la más bella. Yo no pude
articular palabra, confundido
como estaba ante un sueño tan helénico,
tan sicalíptico y tan mitológico,
y ellas reían, viéndome tan tímido,
y se pavoneaban, encantadas
de haberse conocido. Rompí entonces
mi silencio y les dije: «No sabría
decidir quién me gusta más de todas.
Me quedo con las tres». En ese punto
del sueño me encontraba cuando supe,
no sé cómo, que aquellos monumentos
no eran más que envoltorios fantasmales
y que debajo de sus aparentes
hermosuras no había más que humo,
polvo, ceniza, sombra. Y desperté.

(*Después del paraíso*)

NADIE

«¿Cómo te llamas?». «Nadie, como Ulises
cuando andaba en problemas con el Cíclope.
¿Y tú?». «El que tú me pongas. Polifemo,
por ejemplo, si quieres continuar
por ahí». «No sabía que tu nombre
pudiese contener esas hechuras.
¿Nadie y con ese cuerpo?». «Son los ojos
con que me miras desde la memoria
de aquel tiempo feliz los que devuelven
consistencia a mi cuerpo. Abrázame».
Y Polifemo y Nadie se abrazaron,
y no supieron que lo que fundían
en su abrazo era un gesto en el vacío,
una pirueta en medio de la nada.

(*Después del paraíso*)

LEÍDO EN LUCRECIO

«Es injustificado el temor a la muerte»,
leemos en Lucrecio, porque esta representa
el fin de toda angustia, el eterno descanso.
Si estás muerto, no tienes pesadillas,
por ejemplo, ni ataques de ansiedad,
ni te llevan los diablos por la gente
que gobierna, ni te arrebata el sueño
la indiferencia y el desinterés
con que acogen tus versos los lectores.
¡No es pequeña ventaja, voto a bríos!
Si eres de los que han gozado mucho
de la existencia, debes despedirte
como lo hace un huésped satisfecho.
Si has sufrido lo tuyo, y los desastres
te han salpicado desde que naciste,
es de ley que recibas a la muerte
jubiloso y feliz, pues ha venido
para que tu dolor desaparezca
allá en el reino de la pura nada,
donde nadie se agobia ni se aflige.
Sabemos todos que es indispensable
morir. De modo que resulta idiota
preocuparse por ello. Y si lo dice
Lucrecio, pues mejor, que hay todavía
quienes hacemos caso de los clásicos
y nos regimos por sus enseñanzas.

(*Después del paraíso*)

LEÍDO EN PLUTARCO

Las almas de los hombres, rodeadas
de sus cuerpos, deseos y pasiones,
tienen difícil comunicación
con los dioses, de no ser con la ayuda
de la filosofía y a través
del lenguaje divino de los sueños.
Pero cuando esas almas, separadas
del cuerpo y sus deseos y pasiones,
habitan la región desconocida,
impenetrable, pura, misteriosa
donde impera la muerte, no hay obstáculo
para hablar con los dioses, compartiendo
con ellos un amor y una belleza
que no son patrimonio de los vivos.

(*Después del paraíso*)

PARTIR DE OGIGIA

para Carmen Iglesias

Nadie puede engañar a quien ama. Ella sabe
que él se irá alguna vez. Cuando un cielo brumal
amenace tormenta en el mar, por ejemplo.
Porque el mar que lo trajo a sus brazos será
también el que reclame su regreso a la patria,
y ya no volverá.

Tal vez tenga palabras brutales que decirle:
«Quiero volver a Ítaca. Me voy. No te soporto».
(Se aburría hasta el fondo del abismo con ella,
hasta el fondo del tiempo y de la eternidad).
«Quédate –dijo ella–. Si te quedas, tus penas
desaparecerán».

«El dolor me enriquece, la muerte me humaniza,
reconocer mis límites me alivia, me da paz».
«Conmigo olvidarás tu nombre y serás Alguien
en lugar de ser Nadie, y resplandecerás
como un astro de fuego que inunda con su luz
la vasta oscuridad».

Renunciando a la entrega y al amor de Calipso,
Ulises renunciaba a la inmortalidad.
La que Homero llamó «divina entre las diosas»
no supo convencerle de que, siendo mortal,
la existencia es un sueño que aboca en pesadilla,
y lo dejó marchar.

(*Después del paraíso*)

FILÓN Y SOFÍA

El corazón ocupa posición intermedia
entre el vientre del hombre –la parte nutritiva–
y la cabeza, donde rige el conocimiento
–parte cognoscitiva–. El hecho es que ambas partes
conducen al deseo de aquello que se ama
y a la comprobación (si es que la cosa fluye)
de los incuestionables méritos que lo adornan.
Y el deseo podría ser tan irresistible
y la comprobación tan violenta y tan dura
que en el proceso el alma común podría irse
por completo del cuerpo y volar a las salas
etéreas donde habitan las aves del Jardín
primordial, y quedarse para siempre volando
entre el cielo y la tierra, como esos asteroides
que se pasan millones de años describiendo
la misma trayectoria. ¡Bendita sea la muerte
que llega de ese modo! ¡Muerte dulce, amorosa!

En tales reflexiones se encontraban Sofía
y Filón cuando el día se iba apagando poco
a poco, y la rendija de luz que separaba
su ilusorio universo platónico del mundo
real, que amenazaba con existir ahí fuera,
se hacía más y más pequeña hasta volverse
del todo imperceptible y dejarlos a oscuras
en su oscura caverna, rodeados de sombras.

(*Después del paraíso*)

LA EDAD DE ORO (I)

Hubo un tiempo en que nadie cultivaba los campos,
ni se ponían cotos ni linderos en ellos.
La tierra era de todos, y lo donaba todo
con generosidad, y producía frutos
para todos por sí misma, sin que los hombres
tuvieran que hacer nada. Fue Dios quien introdujo
veneno en las serpientes, crueldad en la selva,
pánico en las ciudades, tempestad en los mares.
Fue él quien despojó de su miel a las plantas,
el que secó los ríos de vino que fluían
por doquier, quien veló el recuerdo del fuego.
Lo hacía por venganza, porque sus criaturas
le desobedecieron y no fueron felices
en aquella Edad de Oro que, por mero capricho,
les había obsequiado y donde no tenían
otra cosa que hacer que adorar a su Dios
y disfrutar del mundo perfecto en que vivían.
No lo hicieron, y Dios no pudo soportar
que no fueran felices y condenó a los hombres
al deseo, al azar, al trabajo, a la muerte.
A todas esas cosas que nos hacen humanos.

(*Después del paraíso*)

TEMPESTAD

a Ignacio F. Garmendia

«Sobre el inmenso abismo nadan, raros, los náufragos».
No suena mal. Es un alejandrino
que vierte al castellano cierto hexámetro
latino de Virgilio, de su *Eneida.*
Pero en latín es insustituible.
Dice así (y no lo puedo convertir
en un endecasílabo, lo siento):
Apparent rari nantes in gurgite uasto.
Un hexámetro que tiene solo un dáctilo,
el del pie quinto, y que en seis palabras
resume de manera inmejorable
la esencia de una horrible tempestad,
el sonido y la furia de los vientos
al levantar la falda de las olas.

(*Después del paraíso*)

AQUELLA NOCHE

¿Quién sería capaz de explicar con palabras
el terror y los crímenes de aquella noche aciaga?

¿Quién podría lavar con su llanto el desastre?
Yacen, aquí y allá, multitud de cadáveres.

Innumerables cuerpos sin vida se amontonan
en las calles. Las llamas se apoderan de Troya.

El mismísimo Homero se resistió a contarlo:
su *Ilíada* no incluye un final tan amargo.

Muere todo en Ilión. Todo en Ilión perece.
no hay nada que no sea recuerdo de la muerte.

Aquella noche fue la peor de las noches
posibles: noche oscura, maldita, cruel, sin dioses.

Aún hoy, más de tres mil años después de aquella
noche, me indigna el truco con que acabó la guerra.

Lo del Caballo estuvo fatal. Digno de Ulises:
un pirata, un tramposo, un timador, un buitre.

Mi corazón está y estará con los teucros.
Con Paris, con Eneas, con Príamo, con Héctor.

Los perdedores siempre animan la partida.
Que lo diga Eddie Felson, *Fast* Eddie, el buscavidas.

(*Después del paraíso*)

SOLO

A duras penas dirigí mis ojos
alrededor, por ver cuántos seguían
a mi lado, conmigo. No vi a nadie.
Todos se habían ido. Y nadie vuelve
de donde habían ido. Sus cadáveres
podían verse en tierra, amontonados.
Otros se habían arrojado al fuego.
Estaba solo en medio de la noche.
Estaba solo en medio de la nada.

(*Después del paraíso*)

LA ENFERMEDAD

Pero ella, presa del desasosiego,
alimenta su herida y se consume
en un fuego secreto. Permanecen
golpeándole el pecho las palabras
dichas por él, su rostro, los hoyuelos
que adornan sus mejillas, su manera
de comer, de moverse, de reír
con los ojos, las venas de sus brazos,
el poderío de sus pectorales.
La angustia no concede ni un segundo
de paz ni de reposo a su maltrecho
espíritu. Por fin viene la noche
a oscurecerlo todo. Se empastilla
y es capaz de dormir dos o tres horas.
Es tal su turbación que no consigue
enderezar el alma cuando emerge
de la semiinconsciencia en que los fármacos
la han sumido. Las lágrimas recorren
el óvalo perfecto de su cara.
Es un llanto que no puede enjugarse,
un cataclismo sin supervivientes
en el que oficia de protagonista.
Ha enfermado de amor: el peor virus
que existe, el más dañino, el más cruel.
Del que solo la muerte ha de salvarla.

(*Después del paraíso*)

CACERÍA EN CARTAGO

La Aurora se levanta y abandona el Océano.
Todo bulle en palacio con los preparativos
de la caza: las redes, los caballos, los perros,
los arcos y las flechas, las lanzas, los venablos.
Mientras la reina sigue todavía en su cámara,
los grandes de Cartago han formado una fila
para el protocolario saludo de rigor.
El palafrén real tasca, nervioso, el freno
espumeante. Dido sale por fin, envuelta
en clámide sidonia de ribetes dorados,
con los ojos ausentes, pensando en cualquier cosa
menos en lo que ocurre alrededor. Eneas
por su parte, la aguarda, rodeado de guerreros
troyanos, a las puertas de la ciudad. Se funden
dos cortejos en uno. Los aurigas restallan
los látigos. Comienza la cacería: un rito
para olvidar la muerte dando muerte a otros seres.
Los carros de la reina y del caudillo teucro
van a la par. Se cruzan las miradas de ambos.

(*Después del paraíso*)

PALINURO

Con el corazón roto,
llorando la desgracia de su amigo,
asió el timón, diciendo en voz alta a las olas:
«Confiaste demasiado en el mar y en el cielo,
Palinuro. Ninguno de esos dos
es digno de confianza.
Desnudo yacerás en ignorada arena».
Y aquel dictado de fraternidad
se convirtió después en epitafio
común, en enseñanza para todos.

(*Después del paraíso*)

TU TRISTE IMAGEN

Papá, tu triste imagen se me apareció en sueños
tantas veces, con tanta frecuencia y realismo,
que tuve que venirte a buscar al país
de la muerte, a estos mustios, desolados umbrales.
Dame la mano, padre mío, dámela,
deja que una mi mano con la tuya,
no rehúyas mi abrazo.
Mientras decía esto,
las lágrimas fluían por mi rostro,
no sabía qué hacer con tanta pena junta.
Tres veces intenté darle un beso, abrazarlo,
y tres veces la imagen, la misma que poblaba
mis sueños, evitó mi contacto y huyó
como si fuese viento, sombra, ceniza, nada.

(*Después del paraíso*)

DOS AMIGOS

a Javier Puebla

Se encoleriza el jefe de la banda.
No sabe sobre quién descargar su furor.
«Tú, al menos, pagarás la muerte de mis hombres
con tu sangre». Y después, la navaja en la mano,
embiste contra el joven.
El amigo del chico
emerge de las sombras y grita: «¡He sido yo
quien lo hizo! ¡Dirige tu arma contra mí!».
Pero ya la navaja había traspasado
el cuello del muchacho, y fluía la sangre
a borbotones cálidos por la terrible herida,
y él marchaba a su muerte como la flor purpúrea
que el arado secciona, como la adormidera
que, fatigado el tallo, se desploma
bajo la lluvia.
  El otro lo ve y se precipita
desde donde gritó, buscando al que ha matado
a su amigo, y lo encuentra, y clava su navaja
en la boca del jefe de la banda, arrancándole
el alma. Luego cae, acribillado, sobre
el cuerpo de su amigo. Y todo funde a negro.

Muertos yacéis los dos, uno al lado del otro,
unidos para siempre en un palmo de tierra.
¡Afortunados ambos! Si es que algo significan
los versos de Virgilio, no llegará la hora
en que los siglos borren vuestra gesta inmortal.

Mientras haya un lector de la *Eneida* y perduren sus mágicos hexámetros.

(*Después del paraíso*)

HIMNO ÓRFICO A ZEUS

a Alberto Bernabé

Entre todos los dioses que pueblan el abismo
de nuestra soledad, es el primero Zeus,
el del luciente rayo, el centro y el origen
y el comienzo de todo cuanto existe en el mundo.
Zeus, que nació varón y que es, al mismo tiempo,
rey y reina del éter donde habitan los astros,
de la tierra con todos sus montes y sus valles,
del agua con sus ríos y sus mares que ríen
innumerablemente, del fuego que trae luz
y calor a los hombres en la lóbrega noche
(que es también Zeus, del mismo modo que es Zeus el día,
Zeus el bien, Zeus el mal, Zeus la vida y la muerte).
Zeus, que se tragó a Metis, una de las Titánides,
para engendrar las cosas, y que inventó el amor
bajo la especie de Eros: el martirio y la gloria.
Todo es Zeus. En sus ojos habita el firmamento.
Sus cabellos anuncian el orto y el ocaso.
Él es el sol, la luna y todas las estrellas.
Nada escapa a su oído, ni el más débil susurro
de la naturaleza, ni el rugir del océano.
Es la voz y el silencio, la cuna y la yacija.
Todo lo ve. Su cuerpo es radiante, infinito,
imperturbable, hermoso. Sus hombros y sus anchas
espaldas y su pecho son aire –aire pesado,
poderoso, magnífico–, y su sagrado vientre
es la tierra, la madre universal, el útero
que alumbra los rebaños, los frutos y las flores.
En su cintura vive el mar con su oleaje
transitorio y eterno, y en sus pies y en sus piernas

se dan cita las últimas regiones, los extremos
confines que rodean el universo, el Tártaro.
Entre todos los dioses que pueblan el abismo
de nuestra soledad, canto a Zeus, que es el último
y el primero, el verdugo y la víctima, el alba
y el crepúsculo, luz y tiniebla infinita,
razón de ser de todo lo que existe en el mundo.

(*Después del paraíso*)

VARIACIÓN SOBRE UN TEMA DE CALINO

Dulce y honroso es dar la vida
por unos ideales, por la patria y los hijos,
incluso si eso ocurre en esta Europa
desnortada y vencida de 2019.
Y parece una burla que busquemos
explicaciones para la matanza
que siembran los fanáticos,
echándonos la culpa de lo que está ocurriendo.
¿Hasta cuándo Occidente va a asistir, impasible,
a sus propias exequias, envuelto en el sudario
de la autoinculpación y de la cobardía?
Porque el bravo guerrero que muere en la batalla
se convierte en memoria perpetua de la tribu,
y en la Europa de hoy no se valora nada
ese tipo de cosas, y solo se cotiza
un respeto enfermizo por el otro,
aunque el otro nos mate.
Lo decía Verlaine hace más de cien años:
«Je suis l'Empire à la fin de la décadence,
qui regarde passer les grands Barbares blancs
en composant des acrostiches indolents».
Lo somos, y los bárbaros de ahora
ni siquiera son blancos,
y no sabemos componer acrósticos,
indolentes o no,
y lo único que hacemos es vender nuestra esencia
y entregar nuestra patria al enemigo.

(*Después del paraíso*)

HADES ENAMORADO

a Jorge Freire y Nadia Khalil

Tiembla la tierra con las erupciones
del Etna, y en su trono de silencio
se estremece el monarca de las sombras,
temiendo que la luz pueda llegar
hasta su reino oscuro y tenebroso
y siembre espanto entre sus habitantes,
acostumbrados a la noche eterna.
De modo que decide salir fuera
a inspeccionar si el sol ha conseguido
filtrarse por las amplias hendiduras
con que el volcán, furioso, ha castigado
la tierra de los vivos, y comprueba
que no hay peligro de que en su morada
penetre luz alguna. En ese instante
de calma satisfecha, cuando todo
parece que recobra su sentido
y el Etna ya no ruge, un nuevo Etna
se encarama a su carro de azabache
bajo la especie de un recuerdo ardiente
que ahuyenta las tinieblas. El recuerdo
de un cuerpo que no existe para él
más que en otoño y en invierno, cuando
la vida languidece y hace frío,
y no es suyo en verano y primavera,
cuando flores y frutos engalanan
el mundo, ese universo de colores
que está vedado al rey de los infiernos.

(*El secreto del Mago*)

EL *GRAFFITO* DE ARISTÓNICO

para Chus Visor

Heródoto nos cuenta cómo el revestimiento
exterior de las grandes pirámides de Guiza,
lo mismo que los célebres Colosos de Memnón,
se encontraban entonces cubiertos de *graffiti*,
pintados por los griegos que viajaban a Egipto
en busca de respuestas que los grandes filósofos
de Grecia no sabían dar a sus compatriotas.
Responder a preguntas sin respuesta era algo
privativo de Egipto, de manera que aquellos
turistas primevales, tras gastarse sus dracmas
en videntes y magos a cambio de liturgias
y letanías vacuas para alejar la muerte,
dejaban en la piedra grabados sus poemas,
sus promesas de amor, sus angustias más íntimas,
todo lo que traían dentro del corazón.
Muchos de esos *graffiti* se nos han conservado.
Entre ellos el que, con mano temblorosa,
dejó el viejo Aristónico en la pierna derecha
de uno de los Colosos, y que decía así
en perfectos hexámetros (y seguirá diciéndolo
hasta el fin de los tiempos): «Aquí estuvo Aristónico,
y aquí estará mañana, cuando Tebas no sea
más que un montón de ruinas en medio del desierto.
La trinidad egipcia me concedió la vida
eterna, y desde entonces he cambiado de nombre
muchas veces. Tan pronto viajo desde el pasado
a este presente, como me proyecto a un futuro
donde solo yo existo. Osiris, Isis y Horus
olvidaron la fórmula de conmutar mi pena

y volverme mortal. Mi nombre verdadero
os lo he dicho: Aristónico. Pero no lo merezco.
He obtenido a lo largo de mi vida una única
victoria, y esta ha sido contra la muerte. Nada
puede librarme ya de un triunfo que conduce
a la peor pesadilla: vivir yo eternamente
mientras todos los hombres y mujeres del mundo
van muriendo y dejándome más solo cada día.
¡Maldita sea la hora en que pedí a la santa
trinidad que me hiciese inmortal! Nada puede
ser, a la postre, más cruel y doloroso
que la inmortalidad para el género humano».

(*El secreto del Mago*)

MUERTE DE PLINIO EL VIEJO

Año 79 de la era cristiana.
Vespasiano, poco antes de morir,
designa a Plinio el Viejo comandante
de la flota romana que fondea en Miseno.
Desde el puente de mando de la nao capitana,
Plinio es testigo de los primeros espasmos
del Vesubio. Una sola orden suya y la escuadra
podría haber virado y alejarse de allí
con su caudillo a bordo, pero Plinio era un hombre
de gran curiosidad científica y no quiso
perderse una lección de vulcanología
tan real como aquella,
de modo que bajó de la nave y marchó,
con paso tardo y lento, hacia la horrenda boca
de fuego del volcán,
para guardar memoria fidedigna
de lo que estaba viendo.
Poco vio, sin embargo, Plinio el Viejo,
pues los gases letales del Vesubio
alcanzaron muy pronto sus pulmones
hasta impedirle la respiración.
Y así murió nuestro enciclopedista,
honra y prez de los sabios de su época,
tío y padre adoptivo del otro Plinio, el Joven,
que fue quien nos contó en una de sus cartas,
dirigidas a Tácito, el fin de su pariente.

(*El secreto del Mago*)

DOLCE FAR NIENTE CELESTIAL

¿Estás muerta, mi amor, o sigues viva?
¿Te ha devorado Crono,
como hizo con sus hijos?
Tan dura ha resultado la experiencia
que no sabes si ha sido
un salto hacia la muerte
o un paso de ballet
lo que acabas de dar.
Si has cruzado el espejo,
manifiéstate,
que yo también me apunto al sacrificio,
con tal que nuestras almas vivan juntas,
felices, sin dar golpe,
en presencia de Dios.

(Inédito)

VERIFICACIÓN METEMPSICÓTICA

para Álvaro

Me reencarné, no sé por qué motivo,
en legionario anónimo de una de las legiones
–la que se ha hecho famosa como «legión perdida»–
que, bajo el mando del triunviro Craso,
fueron severamente derrotadas
en Carras, al sudeste de Anatolia,
por el parto Surena.
Hasta diez mil romanos
caímos prisioneros en aquel día infausto
y treinta mil perdieron la vida en la batalla.
De los diez mil cautivos,
muchos pertenecíamos a la «legión perdida»,
y se nos ofreció la libertad a cambio
de frenar el empuje de los hunos,
que habían ingresado ya en la Historia
y competían duro con los partos
en la frontera norte de su imperio.
Solo recuerdo de mi nueva vida
cabalgadas insomnes por caminos
de huesos calcinados y cabezas cortadas.
Pero el hecho es que fui un legionario anónimo
de la «legión perdida» que acabó combatiendo
contra las hordas hunas a orillas del río Oxus.
Como superviviente soy, por tanto, testigo
de que las viejas crónicas chinas de época Han
son la única fuente veraz para saber
qué fue de la espectral «legión perdida».

(Inédito)

PATINIR, *EL PASO DE LA LAGUNA ESTIGIA*

De niño, en mis primeras visitas al Museo
del Prado, me impactó de manera especial,
junto a la obra del Bosco, esta lección de *fantasy*
del genial Patinir: una auténtica *summa*
de narrativa *pulp*. Por no hablar de la forma
en que fuera pintado, de sus maravillosos
azules, de los verdes que circundan la tabla,
del infierno que acecha al otro lado, con
Cerbero preparando sus insaciables fauces
para engullirnos una y otra vez de un bocado
a todos por los siglos de los siglos. Amén.

(Inédito)

BOECIO Y LA FILOSOFÍA

Después de una lectura minuciosa
del *De consolatione Philosophiae*
de Boecio me da la sensación
de haber vencido el miedo para siempre
(del pánico no hablemos) y, a la vez,
de haber dejado atrás toda esperanza.
Es lo que tiene la Filosofía.
Cuando el hombre, esa «caña pensadora»
según Pascal, se acerca a ella en medio
de la desolación acostumbrada,
pasa lo que pasaba con el vino
en palabras de aquel mordaz portero
del *Macbeth* shakespeareano: que estimula
el fuego del deseo, pero impide
su ejecución. Sobreponerse al miedo
implica un subidón de adrenalina
tal que altera y perturba nuestro espíritu
y, olvidando el sermón de Benarés,
nos catapulta en brazos del deseo.
Luego llega la cruda realidad
a colocarnos en nuestra casilla
y hace que recalemos *velis nolis*
en el reino de la desesperanza
(que tampoco es tan grave si se asume
desde barrera escéptica y estoica
y epicúrea a la vez, tal como hiciera
en sus *Ensayos* el genial Montaigne).

El caso es que Boecio, denunciado
por algún envidioso de conjura
probizantina en contra de su rey,
fue alojado por tiempo indefinido

en una celda oscura de Pavía.
Fue allí donde, ignorante de la suerte
que iba a correr, cercado por la angustia,
chapoteando entre las inmundicias,
recibió la visita inopinada
de la Filosofía con mayúscula.
De la conversación que mantuvieron
ella y él surgirían cinco libros
que transcribió el *magister officiorum*
(que no era poca cosa) de la Corte
del ostrogodo Teodorico en Rávena.
Boecio pinta a la Filosofía
como una dama de ojos penetrantes
y busto generoso, con las ropas
desgarradas por un desaprensivo
carcelero que quiso abusar de ella
y lo que consiguió fue conferirle
una capacidad de seducción
mucho mayor que la que le otorgábamos
antes de hacer su entrada en la mazmorra.
No sabemos qué fue de los fragmentos
de tela que cubrían, estratégicos,
el deseable cuerpo de la dama:
si crecieron en fragmentariedad
o si se mantuvieron impolutos.
Sí sabemos que Dante, muchos siglos
después, se consolaba de la muerte
de Beatrice con el *opus magnum*
escrito por Boecio en una celda
oscura de Pavía, poco antes
de ser decapitado.

(Inédito)

HIC SVNT DRACONES

para Inés

En los globos y mapas de otros tiempos
solía aparecer en las zonas ignotas,
precariamente cartografiadas,
la advertencia en latín *Hic sunt dracones.*
Esos dragones eran el trasunto
de los fieros y enormes dinosaurios
del Mesozoico, aquellos terroríficos
reptiles que han quedado en nuestros cuentos
como custodios de un tesoro oculto
o habitantes de mundos olvidados.
Si pienso en los dragones más famosos,
el primero que viene a mi memoria
es Fáfnir, al que da muerte Sigfrido
en el poema de los Nibelungos.
Luego vendría Fújur, el Dragón
de la Suerte en *La historia interminable.*
El tercero sería Smaug, el último
de su especie en *El hobbit*, y, después,
los hijos adoptivos de Daenerys
Targaryen en *Canción de hielo y fuego.*
El quinto, el que aparece en un rincón
de mi libro *Por fuertes y fronteras*,
contraimagen feroz del unicornio,
que secuestra doncellas virginales
y acaba enamorándose de ellas.
Los sextos, los dragones que Anne McCaffrey
ubica en Pern, un universo mixto
de humanos y dragones. El siguiente
cerraría mi lista de *dracones*

improvisados y sería el monstruo
al que se enfrenta Jorge, un santo apócrifo
del que habla Jacobo de Vorágine
en *La leyenda de oro* y que se inspira
en el griego Perseo y se proyecta
en Ruggiero, el heroico personaje
del *Orlando furioso.* Y en San Jorge
me detengo, y concluyo que no hay duda
de que en el subconsciente de los hombres
habrá siempre dragones, descendientes
de los saurios terribles del Jurásico.
Nuestra imaginación los necesita.
Sabemos, además, dónde se encuentran
por los mapas y globos de otros tiempos.

(Inédito)

EPÍLOGO:
OFRENDA DE LOS MANES

Victoria León

No es difícil imaginar a Luis Alberto de Cuenca como una de aquellas figuras luminosas que, desde el ocaso del mundo antiguo hasta los albores del humanismo, a lo largo de los llamados siglos oscuros, surgieron aquí y allá, dentro y fuera de la Romania, como custodios y transmisores de su legado. A esa estirpe de pacientes amanuenses y políglotas de inteligencia y sensibilidad privilegiada pertenece por pleno de derecho alguien que, por su labor filológica y su condición de bibliófilo y divulgador de la cultura clásica, ya sería digno de admiración y reconocimiento incluso sin la feliz coincidencia que ha hecho de él, por añadidura, uno de los poetas españoles más importantes e influyentes de las últimas décadas.

Nacido en Madrid en 1950 y formado en la Universidad Autónoma de Madrid, donde fue discípulo de Antonio Fontán y Manuel Fernández-Galiano, el joven Luis Alberto de Cuenca destacó desde muy pronto como poeta en las filas novísimas. Había figurado en la antología *Espejo del amor y de la muerte* de Antonio Prieto (1971) y publicado dos poemarios antes de cumplir la treintena (*Elsinore*, 1972; *Scholia*, 1978) dentro de aquella estética consagrada en la célebre antología de J. M. Castellet, *Nueve novísimos poetas españoles* (Barcelona, 1970) por algunos de sus maestros más inmediatos, especialmente un Pere Gimferrer cuyo *Arde el mar* (Barcelona, 1966) había deslumbrado al Luis Alberto adolescente.

La nutrida representación en esta antología de aquellos personalísimos y nada epigonales poemas juveniles (hiperbólicamente herméticos y culturalistas a veces, pero siempre iluminados por la brillantez metafórica y la música de un verso en el que ya alentaba con fuerza el clasicismo) permite apreciar la llamativa evolución hacia la madurez que sigue con los años su poesía. Una transformación bastante lógica, por otra parte, si observamos retrospectivamente el carácter y la figura de Luis Alberto de Cuenca y la filiación claramente horaciana de su poética. Se trataba de un cambio de orientación estética que implicaba abandonar aquel primer ensimismamiento y sacudirse cualquier vestigio de barroquismo e irracionalidad formal para ir en busca del lector y de un mesurado equilibrio entre lo subjetivo y lo objetivo en el poema. Un cambio que estaba profundamente relacionado con su lectura humanista de la tradición clásica. Y que acaso era el único llamado a operarse en alguien que recibía la herencia grecolatina con idénticas dosis de erudición, profundidad y permeabilidad a sus principios y a su espíritu. Alguien que reunía en su personalidad al prometedor helenista ya autor de impecables trabajos como su tesina sobre Calímaco de Cirene o su tesis doctoral sobre Euforión de Calcis y al poeta capaz de leer, asumir y reescribir esa tradición como expresión de los universales psicológicos más intemporales del ser humano (de Homero a Safo; de Virgilio a Catulo y a Propercio). Algo solo al alcance de los grandes poetas llamados a trascender fronteras lingüísticas, geográficas y temporales.

Luis Alberto de Cuenca se consolidó como una de las voces más destacadas de su generación con la publicación de aquel libro clave en su trayectoria que fue *La caja de plata*

(Sevilla, Renacimiento, 1985). Seis poemas en él recogidos, entre ellos el que aquí se incluye con el título de «Jano», habían visto la luz algunos años antes, en la también sevillana revista *Separata. Literatura, Arte y Pensamiento* (núm. 5-6, primavera de 1981), dirigida por el poeta y profesor Jacobo Cortines. Se había podido entrever entonces hacia dónde se encaminaban los pasos del poeta ya inmerso en esa evolución hacia su madurez. Pero fue el conjunto de ese poemario (Premio Nacional de la Crítica en 1986) el que lo descubrió como uno de los grandes renovadores del lenguaje poético de la época con su original mezcla de clasicismo y modernidad, de alta cultura y cultura pop, de conocimiento exhaustivo de las fuentes grecolatinas unido a una voz que lograba expresarse sin la menor dificultad a través de una lengua a la vez natural y literaria.

Sin renunciar nunca por completo a aquel esteticismo culturalista que desde el principio fue parte de su personalidad, puede decirse que la gran aportación de Luis Alberto a la poesía española de los años ochenta y noventa, a partir de aquel libro, coincidió con la de los poetas llamados «figurativos» o de «línea clara» que optaron por devolver al verso la narratividad y la lengua natural y al poema la arquitectura racional y la estructura cerrada. Pero no solo en la forma clásica y en la nueva naturalidad que en él adoptaba el verso quedó reflejada esa profunda renovación, sino que al mismo tiempo, en su fondo, sucedía algo aún más importante y significativo que lo singularizaba entre las voces afines y coetáneas. Y es que la poesía de Luis Alberto de Cuenca, a través de una escritura liberada de retórica y capaz de asumir sin merma estética los registros más coloquiales y el tono confesional e íntimo del poeta menor, venía a proponer la exploración del mito en su vieja función de explicación del mundo y de espejo catártico en el que ver reflejada la condición humana.

A este respecto merece la pena decir que, aunque nunca haya cruzado la frontera de la novela o el relato, Luis Alberto de Cuenca es quizá, sin proponérselo, el gran poeta narrador de su generación. Solo que la de sus poemas no es la narratividad de la novela, el diario ni ninguna otra forma de autoficción en boga hoy en día, sino más bien la de los sueños y los mitos que aflora, por ejemplo, en los cuentos de hadas de las tradiciones folklóricas. Como en toda narración mítica, en sus poemas tiempo y espacio tienden a desdibujarse y trascender la anécdota particular en busca de lo universal y atemporal. No importa que nos sitúen en el aquí y ahora inmediato de los finales del siglo XX y comienzos del XXI, en las calles de Madrid o en la paz hogareña de una butaca de lector en su salón biblioteca. Porque en esos mismos escenarios podemos asistir a la caída de Troya, ver a Ulises despedirse de Calipso o de Nausícaa o incluso oír con toda nitidez el susurro interrumpido de una confesión amorosa de Safo. Para el poeta se trata de acontecimientos que no dejan de suceder y repetirse en todo tiempo y lugar. Son los símbolos y mitos que cifran nuestros deseos y temores, nuestros sueños individuales y nuestro inconsciente colectivo y, en suma, aquellas experiencias psicológicas comunes que hacen que nos reconozcamos como seres humanos. Esa es la materia esencial de su poesía.

Los libros inmediatamente posteriores, *El otro sueño* (Sevilla, Renacimiento, 1987), *El hacha y la rosa* (Sevilla, Renacimiento, 1993) y *Por fuertes y fronteras* (Madrid, Visor, 1996) irían consolidando al madrileño como un referente y un joven maestro, como decíamos, para muchos de los poetas coetáneos que coincidirían con él en el cultivo de aquella línea clara que conocería su auge en esos años y cuyo análisis excedería el propósito de estas líneas. Pero, con el tiempo, su poética demostraría ser mucho más que una respuesta estética inmediata al momento histórico o a un mero conjunto de rasgos epocales. Hoy vemos que *La vida en llamas* (Madrid, Visor, 2006), *El reino blanco* (Madrid, Visor, 2010), *Cuaderno de vacaciones* (Madrid, Visor, 2014, por el que recibió el Premio Nacional de Poesía en 2015), *Bloc de otoño* (Madrid, Visor, 2018), *Después del paraíso* (Madrid, Visor, 2021) y *El secreto del Mago* (Madrid, Visor 2023) han ido desplegando una trayectoria poética que gira en torno a unos elementos esenciales y a unos determinados propósitos éticos y estéticos que van mucho más alla.

Toda la obra de Luis Alberto de Cuenca, también en su condición de brillante articulista, ensayista, traductor y divulgador, posee una unidad impregnada de esa vasta y ecléctica cultura que empezó a adquirir en su niñez (entre libros, películas y cómics) y de la que poco a poco fue surgiendo la mitología personal del adulto. Un lugar donde se amalgaman la épica homérica con la novela negra, el mundo artúrico con el juego erudito de los poetas alejandrinos, la amplitud temática de la *Antología palatina* y la penetración psicológica de los poetas elegíacos latinos con la misma armónica acumulación de elementos aparentemente contradictorios que hallamos en los abarrotados estantes de libros, tótems sentimentales y juguetes de su incomparable y célebre biblioteca personal. Allí el mundo clásico, sus mitos, sus viejos epigramas y sus hexámetros épicos toman cuerpo y siguen reviviendo una y otra vez en medio del líquido mundo moderno para celebrar y recordarnos ese alto espejo al que volver la vista.

El imaginario clásico con sus múltiples referencias literarias y plásticas, no solo es materia literaria para Luis Alberto de Cuenca; se convierte en el refugio de una sensibilidad a veces melancólica, incluso atrabiliaria, que no siempre sale ilesa del conflicto con el mundo. Un refugio donde la vida se afirma a través de un legado cultural que parece llenar los vacíos de la existencia y ofrecer un asidero firme ante el vértigo continuo de la duda, alejando ese escepticismo cínico que queda por todo recurso a quien se enfrenta escindido a una realidad en la que ningún valor parece encontrar asiento permanente. En los poemas de Luis Alberto de Cuenca todo lo redime ese incondicional amor a la vida y la cultura. Ese es el único valor que no conoce crisis de fe y la convicción desnuda y última que los sostiene y les da sentido. La fuerza que hace que incluso el dolor, la angustia y la desesperanza, cuando están presentes, se diluyan en pinceladas de ironía o se fundan en el crisol de la emoción y la belleza para producir una poesía que al cabo siempre es matinal y lúcida, incluso en medio de las sombras del corazón y la tentación nihilista de la inteligencia.

Por otra parte, los modos en que Luis Alberto de Cuenca es capaz, en el más noble sentido de la palabra, de *apropiarse* y hacer suya la tradición clásica pueden observarse igualmente desarrollados tanto en su obra original como en sus traducciones poéticas. Una y otras son la doble cara de una misma labor en la que filología, traducción y recreación se mezclan hasta confundir sus límites. Para él, como para los viejos humanistas (cabe decir que con la humildad y el fervor de quien honra con ofrendas a sus Manes, en su caso), traducir y crear son el mismo ejercicio de escritura. Y no es casual que nos hallemos ante uno de los grandes traductores de poesía universal (no solo clásica) al español contemporáneo. No en vano a través de su voz y de su verso sus lectores hemos conocido versiones magistrales de Homero, Calímaco, Lucrecio, Propercio, Guillermo de Aquitania, William Shakespeare, John Keats, Alfred Tennyson o Constantino Cavafis, por nombrar solo los primeros grandes nombres que nos vienen al recuerdo de un catálogo de obras difícilmente igualable.

Desde un punto de vista más teórico, el clasicismo de la poesía de Luis Alberto de Cuenca se nutre de una concepción catártica del poema que, en el más puro sentido aristotélico del término, apela al lector desplegando el vasto espejo de lo común y más universalmente reconocible ante sus ojos. «El objetivo de la literatura es reflejar los anhelos, angustias y frustraciones de la especie humana real en un espejo imaginario, y hacerlo de la forma más clara y nítida posible», afirmaba el poeta en un artículo de 1996 titulado «Literatura y claridad» que encontramos en la recopilación *Señales de humo* (Valencia, Pre-Textos, 1999). Como puede verse en los poemas aquí recogidos, el mundo clásico proporciona un inagotable repertorio de motivos, *topoi*, recursos y materiales que el autor emplea con ese propósito, ya sea mediante la traducción, la glosa, el *contrafactum* irónico o el homenaje expreso en una infinita diversidad de formas y tonos que permiten contar de infinitas maneras la misma historia del alma humana que se repite en cada vida individual.

Decía Aristóteles en el capítulo 9 de su *Poética* (y con esa cita abría el poeta nada menos que su discurso de ingreso en la Real Academia de la Historia, titulado precisamente «Historia y Poesía», en febrero de 2011) que «la Poesía es más filosófica que la Historia y tiene un carácter más elevado que ella, ya que la Poesía cuenta sobre todo lo general, y la Historia lo particular». Allí sostenía también Luis

Alberto que el ser humano encuentra por medio de esa *repetición* la posibilidad de calmar y serenar su *pathos*, y en otro fragmento desarrollaba esta otra idea que nos parece lo bastante reveladora de su poética y del sentido ético y estético que marca la evolución de su obra y su lectura de la tradición grecolatina como para reproducirlo aquí:

> Filosofía y Poesía no son en absoluto enemigas, ni tan siquiera contradictorias [...] la Poesía se sitúa en el plano de lo general y se acoge en su actuación a categorías normativas como la verosimilitud y la necesidad. Eso es justamente lo que las vanguardias, desde comienzos del siglo pasado y, refugiándose en la caverna de un romanticismo mal entendido, han negado a la Poesía, ubicándola en el limbo gratuito de lo absurdo y lo prescindible, y, por si fuera poco, tiñéndola de un tinte metafísico que la aleja de la *realidad*, que es donde habita y debe habitar, codo con codo con la Historia.

Una *realidad* que para el poeta es sinónimo de *vida*. Pues si algo late constantemente en su obra es una defensa de lo vital como materia singular del arte. Sus mejores poemas siempre son y expresan, sea cual sea el tema de fondo, una irreductible alegría metafísica, un momento de amor a la existencia en que la eterna lucha entre amor y muerte, realidad y deseo, tiempo y anhelo de eternidad se resuelve siempre a favor de la vida ante nosotros. Aunque esa poesía rabiosamente vitalista se muestre por momentos más introspectiva y doliente y otras veces más lúdica e irónica, tanto en la elegía como en la celebración, sus poemas advierten (exhortan o disuaden), defienden o acusan, elogian o censuran. No existe la tibieza ni la indiferencia en ellos. Es humana, y nada de lo humano le es ajena.

El poema característico de Luis Alberto de Cuenca es intenso y quintaesenciado, de extensión breve o mediana incluso cuando se permite la digresión. Se construye sobre una tensión de paradojas y suele buscar el quiebro irónico y anticlimático. Pero no solo el humor, también la emoción es otro elemento sin el que para él no resulta concebible la poesía. «Sin amor, sin honor y sin orgullo, / sin emoción y sin complicidad / la poesía no tiene sentido. / El deber del poeta es escribir / sobre la compasión, la fortaleza / y la debilidad, sobre el espíritu / de sacrificio (que redime al mundo), / la piedad, el coraje, el heroísmo. / Y su voz no ha de ser solamente memoria, / sino también columna en que se asiente / la condición humana…», escribió en un poema de *Cuaderno de vacaciones*, titulado «Inspirado en Faulkner» que resume perfectamente esa dimensión de su poética.

Claramente, uno de los temas centrales de su obra es el amor. Luis Alberto ha cultivado una poesía amorosa que indaga en la condición humana y constantemente se pregunta sobre la naturaleza del amor y del deseo. Y pocos poetas contemporáneos han sabido tratar el erotismo con una valentía y una naturalidad como las suyas, aprendidas sin duda en gran parte de la libertad que ofrecía la tradición grecolatina. De «Jano» a «Sobre un tema de Safo» o «Partir de Ogigia», pasando por «Nausícaa» o «La enfermedad», no pocas veces encontramos la celebración erótica unida a la punzada de la sátira o a las sombras del desamor y del desasosiego de quien ama. Pero siempre en la voz del poeta domina sobre el despecho la gratitud. Como gratitud destila otro gran *topos* clásico recurrente en su poesía: un elogio de la amistad en sentido ciceroniano que está al fondo de algunos de sus poemas más memorables. En ellos el amigo es esa aparición salvífica que acompaña al poeta como guía en el descenso a su infierno particular o le sirve para compartir una alegría de vivir que no tendría sentido sin vecinos de alma y compañeros de vida, como en ese memorable soneto de perfecta factura que es «El editor Francisco Arellano, disfrazado de Humphrey Bogart, tranquiliza al poeta en un momento de ansiedad, recordándole un pasaje de Píndaro, *Píticas*, VIII, 96».

Pero mención particular creemos que merece un tercer gran tema en la poesía de Luis Alberto (y quizá el más importante), que no es otro que el del héroe. Su poesía no solo posee la unidad de las referencias culturales y modelos heroicos que el autor ha encontrado constantemente en el cómic, el cine o la novela policíaca (fruto de una devoción que lo ha convertido en uno de los grandes adalides de la cultura pop que ha tenido su generación en España, por otra parte), sino también de la búsqueda en ellos de una moral heroica que haga el tránsito por la vida más digno y humano.

«Vivió. Murió. / Supo ser nadie y todos / al mismo tiempo», nos dice en un haiku titulado «El héroe». Quien en poesía, como en la vida, busca el ideal tiene que enfrentarse continuamente a la realidad como limitación del mismo. Y de las chispas de ese encuentro surgen la sátira como recusación de esta última o la elegía que expresa el anhelo del primero. Entre esos dos modos de representación se mueve la poesía heroica, y en cierto sentido épica, de Luis Alberto, muchas veces en una mezcla ambigua y deliberadamente indiscernible de burlas y veras. Porque el poeta admira a los héroes consciente de hacerlo en un mundo que los ha relegado a los cómics y a la ciencia ficción, como si su encarnadura real o su simple admiración fuera un molesto estorbo para una moral predominantemente cínica. Por eso los busca para aliarse con ellos en ese territorio irreductiblemente libre de la fantasía. «Como Machado, yo también soñaba / de niño con los héroes de la *Ilíada*, / pero mezclándolos en coctelera / con los padres de la Revolución [...] Pese a las discrepancias ideológicas / nunca se peleaban entre ellos, / pues tenían enfrente un enemigo / común: la Realidad», nos dice de manera elocuente un poema escrito a comienzo de los años noventa, titulado «El enemigo común».

Su personalidad, su entusiasmo por los más diversos campos de la cultura, su inquietud de *puer aeternus* y el inagotable eclecticismo de los materiales estéticos, literarios y vitales que ha empleado en su obra a lo largo de casi cinco décadas, convierten a Luis Alberto de Cuenca en un auténtico inclasificable. Confesional y elegíaco, satírico y lúdico, culturalista y de línea clara, se nos muestra aquí en toda su riqueza de carácter como un poeta inimitable que ha sabido cultivar una de las obras más originales y desprejuiciadas de nuestro tiempo. Y, sobre todo, como alguien poseedor de las llaves de esa secreta habitación llamada libertad de espíritu que guarda la inspiración de los más grandes creadores.

Sevilla, agosto de 2024

ÍNDICE

LOS DEDOS DE LA AURORA

Se terminó de imprimir esta edición de
Los dedos de la Aurora de Luis Alberto de Cuenca
en Sevilla, el día 15 de noviembre de 2024